高校智慧图书馆
资源建设与服务创新研究

郭艾敏◎著

中国原子能出版社

图书在版编目（CIP）数据

高校智慧图书馆资源建设与服务创新研究 / 郭艾敏
著. -- 北京：中国原子能出版社，2024. 9. -- ISBN
978-7-5221-3596-0

Ⅰ. G258.6

中国国家版本馆 CIP 数据核字第 202419H6F3 号

高校智慧图书馆资源建设与服务创新研究

出版发行	中国原子能出版社（北京市海淀区阜成路 43 号　100048）
责任编辑	白皎玮　陈佳艺
责任校对	刘　铭
责任印制	赵　明
印　　刷	河北宝昌佳彩印刷有限公司
经　　销	全国新华书店
开　　本	787 mm×1092 mm　1/16
印　　张	13.75
字　　数	205 千字
版　　次	2024 年 9 月第 1 版　2024 年 9 月第 1 次印刷
书　　号	ISBN 978-7-5221-3596-0　　　定　价　**88.00 元**

前　言

当今时代，数字化浪潮不断推进，高校的图书馆服务也迎来了前所未有的发展机遇与挑战。传统的图书馆管理和服务模式正逐步向智慧图书馆转型，以满足现代高校师生的多元化和个性化需求。本书正是在这样的背景下应运而生，旨在探讨高校图书馆在智慧时代下的资源建设与服务创新。

本书从智慧图书馆的理论与实践出发，详细介绍了智慧图书馆的概念框架、基础建设以及服务创新模式。首先，第一章定义了智慧图书馆的基本概念和建设原则，这不仅为整个图书馆的智能化升级提供了理论支持，也为其实践操作指明了方向。在此基础上，详细阐述了智慧图书馆的框架设计及其智能化建筑的实现方式，从而为读者呈现一个全方位、立体化的建设视角。

第二章具体介绍了资源建设与评价，集中讨论了高校图书馆在文献信息资源建设过程中的流程、路径与评价研究，这是图书馆资源管理中的核心内容。特别是在数字资源丰富的今天，如何有效地构建和评价这些资源，成为了图书馆工作的重点。

第三章转向更为细化的特色数字资源建设，包括资源的概述、建设内容、实施系统及资源共享等方面的内容。特色数字资源的建设，不仅能够增强图书馆的服务功能，更是提升图书馆竞争力的关键所在。本书试图通过系统化的分析和实践案例，为读者展示如何在高校图书馆中实施这一战略。

服务创新是智慧图书馆发展的另一大主题。第四章深入探讨了包括知识服务、移动服务、信息共享空间和嵌入式服务在内的多种创新服务模式。这些内容不仅涵盖了服务模式的理论基础，也提供了丰富的实践操作指南和案

例分析，帮助读者全面理解并应用于实际工作中。

第五章则聚焦于智慧时代高校图书馆服务创新的研究，尤其是信息检索服务的转型、智慧服务管理及创新教育环境下的服务模式。通过对这些前沿话题的探讨，本书旨在引导读者思考如何在新媒体与创新教育背景下优化图书馆的服务策略。

最后，第六章将理论与实践相结合，展示了智能设备的应用、馆员素质提升策略以及基于区块链技术和"万物智能"概念的智慧图书馆服务融合研究。这一章不仅总结了书中的主要观点和方法，也为图书馆管理者和实践者提供了具体的应用策略和发展建议。

本书是为图书馆专业人员、图书馆科学研究者，以及高校管理层编写的参考书籍。本书以全面、深入的内容为高校图书馆在智慧化转型道路上提供了一份详尽的参考指南。希望每一位读者都能从中获得启发，共同推动高校图书馆向智慧化、现代化迈进。

目　　录

第一章　智慧图书馆建设理论与基础 ………………………………… 1

　　第一节　智慧图书馆概念与建设原则 ……………………………… 1

　　第二节　智慧图书馆的框架设计 …………………………………… 7

　　第三节　图书馆建筑智能化 ……………………………………… 29

第二章　高校图书馆文献信息资源建设与评价 ……………………… 40

　　第一节　高校图书馆文献信息资源的建设流程 ………………… 40

　　第二节　高校图书馆文献信息资源的开发途径 ………………… 63

　　第三节　高校图书馆文献信息资源的评价研究 ………………… 67

第三章　高校智慧图书馆的特色数字资源建设 ……………………… 84

　　第一节　图书馆特色数字资源概述 ……………………………… 84

　　第二节　高校图书馆特色数字资源建设的内容选择 …………… 90

　　第三节　高校图书馆特色数字资源系统的功能 ………………… 98

　　第四节　高校智慧图书馆的资源共享 ………………………… 113

第四章　高校智慧图书馆服务创新模式 …………………………… 126

　　第一节　高校智慧图书馆知识服务模式 ……………………… 126

　　第二节　高校智慧图书馆移动服务模式 ……………………… 138

　　第三节　高校智慧图书馆信息共享空间服务模式 …………… 143

　　第四节　高校智慧图书馆嵌入式服务模式 …………………… 155

第五章　高校智慧图书馆服务创新研究 ················· 163

　　第一节　智慧时代高校图书馆信息检索服务转型 ········· 163

　　第二节　创新教育背景下的高校图书馆智慧服务 ········· 174

第六章　高校智慧图书馆服务的实践应用研究 ··········· 181

　　第一节　智能设备在高校图书馆中的应用及服务策略 ········· 181

　　第二节　基于区块链技术构建高校图书馆智慧阅读平台 ········· 190

　　第三节　基于"万物智能"的智慧图书馆服务融合研究 ·········· 203

参考文献 ················· 208

第一章　智慧图书馆建设理论与基础

第一节　智慧图书馆概念与建设原则

一、智慧图书馆的概念

智慧图书馆作为图书馆发展的新形态，具备了独特的服务理念和创新发展的特点。近年来，国内学术界对智慧图书馆展开了热烈的讨论与研究，各种关于其定义和概念的研究层出不穷。然而，尽管学者们从各自的角度提出了不同的见解，目前尚未形成统一的定论。

对于智慧图书馆概念的探讨，可以追溯到 21 世纪初期，由芬兰奥卢大学图书馆的艾托拉首次提出的定义。艾托拉将智慧图书馆视为一个超越物理空间限制，通过移动化服务可被用户随时随地感知和访问的新型图书馆模式。这种图书馆不仅是一个存放书籍的地方，更是一个基于位置感知技术，能够主动协助用户寻找需要的文献和资料的动态服务系统。随着技术的不断进步，智慧图书馆的概念也在不断演化，在物联网、云计算和智能设备等技术的支撑下，图书馆的运营模式变得更加智能化。这些技术的应用不仅使得图书馆的信息资源数字化、网络化，还使得服务过程智能化，极大地提升了图书馆的运营效率和服务质量。在智慧图书馆中，人与信息资源的互联互通成为可能，这正是其核心价值所在。智慧图书馆的实质，是利用现代信息技术实现资源的最大化利用和服务的个性化，它不仅关注图书馆作为物理空间的建设，更重视如何通过全媒体资源，为用户提供定制化的服务。在这个模式下，图书

馆不再是传统意义上的借阅中心，而是变成了一个提供海量共享知识资源的平台，旨在通过智能化手段，满足用户多样化的学习和研究需求。从智能建筑的视角看，智慧图书馆代表了智能技术在建筑设计和管理中的应用，实现了建筑的智能化和管理的自动化。而从人文学的角度出发，智慧图书馆强调的是依托智能感知技术，以及馆员的专业技能和高文化素养，为读者提供高质量的服务。这种服务不仅限于物理设施的智能化，更重要的是充分利用可获得的资源，为读者提供全方位的支持。

综合来看，智慧图书馆是数字图书馆的进一步演化，是在移动通信技术、物联网技术、云计算、数据挖掘等现代信息技术广泛应用的背景下产生的新型图书馆形态。它突破了传统图书馆的物理和空间限制，以全媒体资源为核心，以提供个性化和智慧化的用户服务为目标。通过新一代的网络技术和信息技术，智慧图书馆实现了资源的共知共享，不仅提升了图书馆服务的效率和质量，也为用户创造了全新的学习和研究体验。智慧图书馆的建设，既是对图书馆物理空间的优化，也是对图书馆服务模式的革新，它标志着图书馆服务进入了一个全新的时代。

二、智慧图书馆建设的原则

智慧图书馆的建设涉及多个方面，包括技术的应用、服务模式的创新、用户体验的优化等，这些构成了智慧图书馆发展的基础和动力。在这个过程中，几个核心原则对于确保其成功实施和可持续发展至关重要（见图1-1）。

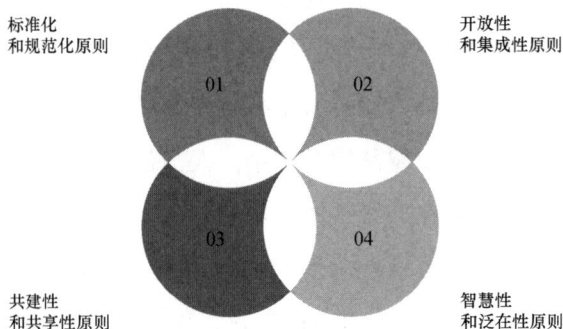

图 1-1　智慧图书馆建设的原则

（一）标准化和规范化原则

未来的智慧图书馆建设必须遵循一系列原则，其中标准化与规范化占据了核心地位，这是因为智慧图书馆的本质在于利用互联网技术，实现信息资源的高效采集、处理、分享和使用。随着"无处不在"的互联网时代的到来，图书馆服务的便捷性已显著提高。然而，若要在国家乃至全球范围内构建一个互联互通、资源共享的图书馆网络体系，必须有一套统一的标准和规范作为支撑。标准化与规范化的原则确保了在智慧图书馆建设过程中，无论是数字资源的系统构建、技术平台的搭建，还是信息服务系统的开发，都能够高效、有序进行。国际通行的数据格式、网络通信协议、行业标准的设备配置，以及软硬件的兼容性，都是这一原则的具体体现。这些统一的标准和规范不仅为图书馆系统间的相互连接和访问奠定了基础，也为智慧图书馆的服务功能的拓展和优化提供了可能。

从更深层次来看，标准化和规范化的原则体现了智慧图书馆建设的系统性和前瞻性。通过设立统一的标准和规范，可以确保各个环节和部分在整个系统中能够无缝对接，从而提高整个图书馆系统的运行效率和服务质量。此外，统一的标准和规范也有助于推动图书馆界的技术创新和服务创新，因为只有在一个有序的框架下，创新活动才能更加聚焦、有效。实现标准化和规范化还意味着需要对现有的图书馆系统进行深入的分析和评估，识别出需要改进或升级的领域，这可能涉及更新图书馆的硬件设施、软件系统，或者是引入新的服务模式和技术解决方案。在这一过程中，需要图书馆工作者具备专业能力和技术知识，同时也需要图书馆管理者具备前瞻性的视角和决策能力。

此外，标准化和规范化原则还促使图书馆系统开放性的增强，通过与其他图书馆、教育机构、研究组织等进行资源共享和技术合作，共同推动智慧图书馆事业的发展。在全球范围内，这种开放和合作的精神将极大促进知识的自由流动和文化的交流互鉴。

（二）开放性和集成性原则

在当今的信息时代，智慧图书馆的构建不仅是将传统服务数字化，而是通过开放性和集成性的核心原则，创造一个更为动态、互动和个性化的服务环境。这意味着图书馆将转变为一个使用户能够主动参与其中，不仅作为服务的接受者，也作为信息的贡献者和创造者的空间。在这样的模式下，图书馆服务的边界将被大大拓宽，形成了一个高度互联的信息共享和知识创新的生态系统。在这一转变的背后，是移动互联网技术的广泛应用，使得信息的获取、处理、分享变得异常高效和便捷。不再是图书馆员单一地承担信息的筛选、整理和发布的角色，而是让读者自身也成为信息流通的重要节点。通过社交媒体互动、网上预约、一卡通服务等多种渠道，图书馆打破了物理和时间上的限制，促进了用户之间、用户与图书馆之间的直接交流和协作，从而实现了服务的个性化和社区的共建。此外，依托于云计算、物联网等先进技术，智慧图书馆实现了资源和服务的深度集成。这不仅体现在文献信息机构之间、不同类型文献之间的互联互通，更在于跨系统、跨部门、跨媒体的信息共享和服务融合。例如，上海图书馆实施的"同城一卡通"服务，便是集成性原则的具体应用，通过这项服务，读者能够在广泛的网络中实时获取和借阅文献，实现了资源共享的最大化。

开放性和集成性原则推动了知识信息的共建、整合和无障碍转换，通过集群化服务平台，将知识资源从单点扩展到整个网络，形成了一个覆盖更广区域、实现多维度互动的智慧图书馆生态。在这样的环境下，服务创新成为可能，知识的获取不再受限于特定的形式或地点，而是变得无处不在，时时可及。

（三）共建性和共享性原则

在当代社会，智慧图书馆的构想不仅局限于单个机构的自我革新，而是越来越依赖于广泛的协作与资源共享。这种共建性和共享性的原则是实现图书馆智慧化的关键因素之一。单独一个图书馆的资源和能力毕竟有限，要想快速丰富馆藏资源并满足用户的多元化需求，跨图书馆的合作不可或缺。这种合作通过集结多个图书馆的资源和优势，共同构建一个更加全面且高效的服务系统。在这个系统中，图书馆之间不仅共享物理资源，如书籍、文献等，更重要的是共享技术、数据、知识，以及服务创新的经验。为了更有效地实施这种共建共享的策略，图书馆可以组建联盟或加入已有的联盟网络，如国际著名的在线计算机图书馆中心（OCLC）或国内的中国高等教育文献保障系统（CALIS）。这些联盟不仅促进了图书馆间的资源共享，还提高了采购效率和成本效益，因为作为一个整体进行采购和谈判，各成员图书馆可以从书商和服务商那里获得更优惠的价格。此外，通过这样的联盟机制，图书馆之间可以实现技术和平台的共享，这在数字化建设中尤为重要。通过共享已有的技术解决方案和平台资源，可以避免重复开发的不必要开销，从而将更多的资源和资金用于提升读者服务质量和体验。这不仅加快了各个图书馆智慧化建设的步伐，也为读者提供了更为丰富和便捷的信息服务。

共建共享的原则也意味着图书馆需要转变思维，从传统的资源拥有者转变为资源共享者和服务提供者，强调的是建立开放、合作的图书馆生态系统。在这个生态系统中，每个图书馆既是贡献者也是受益者，通过共建共享，形成了一个互惠互利的合作关系，从而实现资源的最大化利用和服务的持续创新。

（四）智慧性和泛在性原则

图书馆的智慧化、泛在化主要体现在以下几个方面。

1. 服务时间和服务空间

随着无线网络技术的进步和智能自助服务系统的广泛应用，图书馆服务的时空界限正逐步消融。现在，只要处在网络信号覆盖的区域内，读者便能随时随地接入图书馆，享受丰富资源和多样服务，这种技术革新使图书馆能够提供全天候、无间断的服务，极大地提高了图书馆的服务能力和用户体验。在这个全新的服务模式下，用户通过各种移动设备，如智能手机、平板电脑

等，可以自由地访问电子书籍、在线期刊、学术数据库等数字资源，同时也能享受到咨询、借阅、预约等个性化服务，不再受传统图书馆开放时间和物理空间的限制。这不仅提高了图书馆服务的便利性和可达性，也为用户提供了更加灵活和个性化的学习和研究环境。此外，这种服务方式的推广还有助于图书馆更好地满足用户多样化和不断变化的需求，加强了图书馆与用户之间的互动和连接，使图书馆能够更有效地发挥其信息资源中心的作用。通过利用最新的技术手段，图书馆正不断突破传统的界限，向着更加开放、灵活、智能的方向发展，为用户提供全新的服务体验。

2. 服务对象和服务模式

随着移动通信技术的不断进步，图书馆的服务模式也正在经历一场革命。传统的面对面服务方式正在向基于网络的远程服务转变，使得图书馆能够跨越物理限制，向所有接入网络的用户提供主动的资源和服务推送。这一变化不仅突破了服务对象的地理和时间限制，更是在促进信息资源的公平获取方面迈出了重要一步。在这种新兴的服务模式下，无论用户是否曾亲临图书馆，图书馆都可以通过互联网将数字资源、咨询服务，以及各类教育和文化活动直接送达至用户手中。这意味着，每个人都能在任何时间、任何地点享受到图书馆的服务，大大提高了服务的普及率和影响力。更重要的是，这种服务模式的转变为图书馆服务的个性化提供了无限可能。通过对用户行为的分析和预测，图书馆可以更准确地了解每个用户的需求，进而提供定制化的服务。这不仅提升了用户的满意度，也加强了图书馆与用户之间的互动，促进了图书馆资源的有效利用。

3. 服务内容及服务手段

在现代社会，图书馆服务的范围和方式正在经历着前所未有的扩展和创新。得益于泛在计算环境的建立，图书馆不再将其服务限制于自身馆藏，而是通过与其他图书馆及信息资源平台的共建共享，为用户提供了更为广阔的资源库。这种模式下，用户可以方便地访问不同来源的信息资源，包括但不限于共享资源中心、互联网上的开放知识库等，极大丰富了图书馆的服务内容。在这一过程中，图书馆扮演着关键的角色，不仅是资源的提供者，更是信息的加工者和筛选者。图书馆通过专业的知识和技术，对海量的信息资源进行整理、分类和鉴别，确保用户能够获取到准确、可靠的信息。同时，为了提高资源的利用效率和便捷性，图书馆还积极采用先进的技术手段，如网站和 WAP 平台，使数字资源的访问更加灵活，满足了用户多样化的信息需求。这种以用户为中心，以技术为支撑的服务模式，不仅体现了图书馆服务内容的丰富多样性，也展现了服务手段的创新与进步。它反映出，随着技术环境的发展和社会需求的变化，图书馆必须持续地更新其服务理念和手段，才能不断提升自身的社会价值和服务效能。

第二节　智慧图书馆的框架设计

在本章节中，将深入探讨如何依据高等教育机构的独特需求及其图书馆的核心职能，借鉴国内外智慧图书馆的成功案例，构建一个符合高等院校特色的智慧图书馆体系，并该系统的关键组成部分进行详尽分析，旨在打造一个既能满足当前教学和研究需求，又具备未来发展潜力的智慧图书馆解决方案。

一、智慧图书馆框架

智慧图书馆的结构设计依照其功能定位细分为多个层次:技术和系统层、资源层、应用服务层。这种分层策略旨在确保智慧图书馆系统的高效运作与用户需求的精准满足。

（一）技术和系统层

1. 技术层

智慧图书馆的技术基础层是其核心支撑系统，汇集了一系列现代信息技术来确保平台的高效运行和服务的前瞻性。这一层涵盖了包括互联网、物联

网、云计算、大数据分析、资源整合、社交媒体、移动通信等关键技术。这些技术的综合应用不仅为智慧图书馆提供了强大的数据处理能力和资源管理效率，也使得图书馆服务更加灵活、智能，满足了现代用户对图书馆数字服务日益增长的需求。

2. 系统层

智慧图书馆的系统层作为其应用服务的基石，提供了必要的基础设施和平台支持。它包含多个关键组件，如数据管理和分析系统、统一认证系统、移动图书馆接口、信息共享平台、数据库系统等。这一层确保了智慧图书馆内的各项服务能够高效、安全地运行，同时也促进了资源的有序整合和信息的无缝共享。通过这些系统的协同工作，智慧图书馆能够提供更加个性化、便捷的服务，满足用户多样化的信息需求。

3. 感知层

在智慧图书馆架构中，感知层扮演着捕捉和响应外部环境变化的关键角色，类似于图书馆的"神经末梢"。它通过一系列高精度的传感技术，如 RFID 标签识别、二维码扫描、声音和光线检测、温湿度监测、烟雾警报、智能定位系统等，实时采集环境和用户行为数据。这些数据不仅为图书馆提供了对环境的即时感知能力，还使得图书馆能够动态调整服务和资源，以更好地适应用户需求和环境变化，确保服务的高效和用户体验的优化。

（二）资源层

在智慧图书馆体系中，资源层的作用至关重要，它就如同图书馆的"血液和肌肉"，为整个系统提供必要的内容支撑和能量来源。这一层分为数据层和资源层两个主要部分，共同构成了智慧图书馆丰富的信息资源库。

1. 数据层

数据层是智慧图书馆获取和处理信息的基础，它包括了各类数据资源。这些数据不仅包含图书馆自有的馆藏数据和购买的外部数据（原生数据），还涵盖了在图书馆服务过程中产生的数据（再生数据）。具体来说，数据层涉及馆藏的结构化数据和非结构化数据、馆外引进的资源数据、用户和管理过程中产生的行为数据、通过感知层收集的环境数据等。这些数据的有效管理和利用，是实现智慧图书馆服务个性化和智能化的关键。

2. 资源层

资源层则更加聚焦于为用户提供直接的信息服务和资源，包括图书馆的传统馆藏印本资源和数字化资源、数据库资源，以及通过合作和共享获得的馆外信息资源。此外，资源层还特别强调多媒体资源和学术数据资源的整合，这些资源的多样性和丰富性是满足用户多元化需求的保证。通过高效整合和管理这些资源，智慧图书馆能够为用户提供全面、深入的知识支持，促进学习和研究活动的开展。

（三）应用服务层

智慧图书馆的应用服务层是整个系统中最为关键的部分，它直接关系到智慧图书馆能否提供高效、智能化的服务。这一层由应用层和服务层共同构成，它们分别承担着不同的职能，共同支撑起智慧图书馆的核心价值。

1. 应用层

应用层是智慧图书馆功能实现的基础，提供了一系列智能化的应用系统以满足不同的服务需求，包括利用最新技术构建的智慧感知系统、资源管理与分享的智慧资源系统、日常运营管理的智慧管理系统、用户自主学习的智慧学习系统、图书馆员服务的智慧馆员系统、用户互动的智慧社交系统，以及提供综合服务的智慧服务系统等。这些应用不仅极大地提高了图书馆的运营效率和服务品质，也极大地丰富了用户的图书馆使用体验。

2. 服务层

服务层则是智慧图书馆与用户直接接触的前端，是实现智慧图书馆价值的最直接平台。它面向所有使用者，包括图书馆的管理人员、馆员、校内外用户、合作伙伴等，通过内网、互联网、移动应用、智能终端等多种平台和渠道提供服务。在这里，用户不仅可以获得传统的图书借阅、查询等基本服

务，还能享受到基于大数据分析的个性化推荐、远程教育资源、专业的学术研究支持等深度服务。对于系统外的用户，智慧图书馆同样开放合作，提供深度的知识服务和资源共享，拓宽了图书馆服务的边界。

二、智慧图书馆应用系统建设

智慧图书馆的应用系统充当着图书馆与用户交流的桥梁，它不仅是提供在线服务的关键平台，也是满足用户需求和支持图书馆服务创新的基石。这些系统继承了数字图书馆和虚拟图书馆的基本框架，并在此基础上，通过引入技术创新和服务模式创新，拓展了新的功能和服务范畴。智慧图书馆的应用系统通过整合先进的信息技术，如人工智能、大数据分析、云计算等，不仅提高了图书馆服务的效率和质量，也为用户带来了更加个性化和便捷的服务体验。

（一）智慧感知系统

在智慧图书馆体系中，智慧感知系统扮演着至关重要的角色，作为库的基础应用之一，它通过集成多样的感知技术来收集各类数据，进而支撑图书馆的日常运作和服务优化。该系统分为两大部分：图书馆运行状态感知系统与智慧环境感知系统。前者主要关注图书馆的内部运行状况，如馆藏使用情况和借还流程等；后者则侧重于图书馆的物理环境监控，如温湿度、光照强度、人流量等。通过这些精细的感知和数据分析，智慧图书馆能够实时调整服务策略，为用户提供更加安全、舒适和高效的图书馆体验。

1. 图书馆运行状态感知系统

图书馆运行状态感知系统是智慧图书馆的核心组成部分，它通过部署一系列先进的硬件设备和软件平台，如电子显示屏、各类感应器、电子摄像头等，以及利用互联网和移动通信网络等技术，实现对图书馆运行状况的实时监测和数据分析。这一系统主要监控的内容包括图书馆的人流量、读者的访问情况、图书与期刊的借阅和归还情况等关键指标。通过对这些实时数据的收集和分析，系统能够及时捕捉到图书馆资源使用的动态变化，并基于这些信息快速作出反应。例如，当某个时间段内特定资源或服务的需求增加时，系统可以立即识别出这一趋势，并通知图书馆管理者或自动调整相关资源的分配和服务的提供，以优化用户体验并提高服务效率。此外，该系统还为图书馆提供了宝贵的数据支持，使图书馆能够根据实际使用情况对馆藏资源进行科学配置，对服务策略进行及时调整。这不仅提升了图书馆的管理效率，也极大地提高了图书馆服务的针对性和有效性。

2. 智慧环境感知系统

智慧环境感知系统在智慧图书馆中起到了至关重要的作用，它通过物联网技术的应用，对图书馆内外的多个功能区域进行细致的环境监控，确保为用户提供一个安全、舒适的阅读和研究环境。该系统覆盖了图书馆的主体建筑及其分馆，实时监测光照、温度、湿度、烟雾、声音等关键环境参数，及时将数据反馈给图书馆的中央管理系统，以便管理员能够针对环境变化作出快速响应。

光照感知功能能够监控图书馆内部的自然光和人造光照情况，根据阅读区域的具体需求调节光线的强度，保证用户在最佳光照条件下阅读。温度感知则关注于保持图书馆内各区域，特别是阅览室和藏书区的温度在一个理想范围内，根据季节变化和室内活动量自动调整空调系统。湿度感知主要针对珍贵馆藏物品的保存条件进行专门监控，确保湿度水平适宜，从而防止藏书受潮损坏。烟雾感知能够及时发现并对潜在的火灾隐患发出警报，特别是在图书馆的重要藏书区和易燃区域，有助于保障图书馆资产和用户安全。声音感知则用于监测图书馆环境的噪声水平，对于超出正常范围的噪声进行警示，保持图书馆环境的宁静。智慧环境感知系统还具备资源智能控制的能力，如根据实时的光照强度、室内外温差，以及人流密度自动调节照明和空调系统，实现节能降耗的目的。此外，结合图书馆运行状态感知系统，它还能有效预防和控制可能威胁图书馆安全的各类事件，提高图书馆的智能安防水平。通过这一系列精细化的环境监控与智能响应，智慧图书馆的智慧环境感知系统

不仅提高了图书馆的管理效率和服务质量，也极大地增强了用户的使用体验，使图书馆成为一个更加智能化、舒适化的学习和研究空间。

（二）智慧资源系统

智慧资源系统构成了智慧图书馆的核心，它是图书馆服务和运营的基石。此系统由以下四个互补的子系统组成（见图1-2），共同确保图书馆能够提供丰富、高效、易于访问的信息资源，满足用户多样化的学习和研究需求。

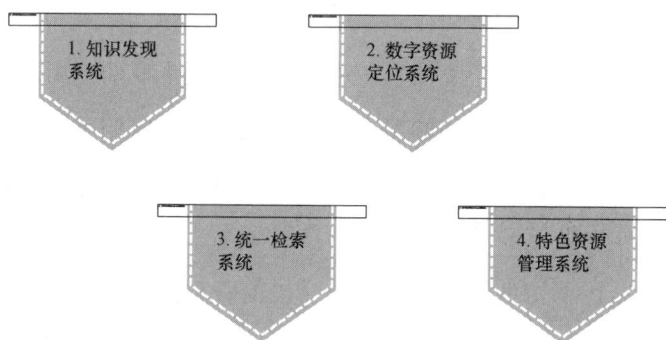

图 1-2　智慧资源系统的四部分

1. 知识发现系统

在智慧图书馆的架构之中，知识发现系统发挥着至关重要的角色，它通过高级的技术手段将繁杂的原始数据转化为直接且有价值的知识，极大地简化了用户获取信息的过程。此系统采用数据仓储技术集成异质性数据源，利用资源整合策略消弭不同数据集之间的隔阂，通过知识挖掘和数据分析技术深入挖掘数据背后的含义，同时运用文献计量学模型提炼出数据的价值和意义。

知识发现系统的目标是为用户提供一个无缝的、高效率的学术资源探索体验，使用户能够精准地搜索到所需的学术资源。它通过分面搜索和聚类分析技术帮助用户快速定位感兴趣的研究领域，通过引文分析揭示学术文献之间的关联，利用知识关联分析发现不同学科领域之间的潜在联系。此外，该系统还支持高价值学术文献的发现，促进了跨学科的深度知识挖掘，并通过可视化技术将复杂的知识关系以直观的方式展现给用户。通过知识发现系统，智慧图书馆不仅能够为用户提供一站式的、高质量的学术资源搜索服务，还能够揭示学术资源之间复杂的关联性，促进科学研究的创新与发展。这一系统的实现，标志着智慧图书馆在信息服务方面迈入了一个新的阶段，不仅提高了图书馆的服务效率和质量，也极大地丰富了用户的学习和研究经验。

2. 数字资源定位系统

在智慧图书馆体系中，数字资源定位系统起到了桥梁的作用，连接用户与丰富的数字资源。该系统通过先进的数字借阅终端为用户提供一个直观、易用的界面，使他们能够无缝地查询到各类数字资源的详细分布情况。无论是电子书籍、学术期刊、数据库、多媒体资料还是其他数字化学习材料，用户都可以依据自己的需求快速定位并访问到所需资源。这一系统的设计充分考虑了用户体验，不仅是简单的资源检索工具，更是一个高效的学习和研究助手。用户可以根据关键字、作者、出版时间等多种条件进行搜索，系统还能根据用户的历史搜索行为和偏好推荐相关资源。此外，数字资源定位系统还具备资源预约、远程访问、下载等功能，极大地提高了资源的可获取性和使用便利性。

通过数字资源定位系统，智慧图书馆能够为用户提供一个全面、高效的数字资源服务平台。这不仅使得学习和研究工作更加高效，也促进了数字资源的利用率和图书馆服务的现代化。随着技术的不断进步和用户需求的不断变化，数字资源定位系统将继续发展和优化，为智慧图书馆的建设和服务提供强有力的支撑。

3. 统一检索系统

智慧图书馆的统一检索系统旨在创建一个全新的检索平台，通过提供强大而便捷的服务，满足用户的个性化需求，从而建立一个深受用户喜爱、具有个性化特征的图书馆环境。该系统设计精巧，不仅功能全面，而且注重用户体验，旨在成为用户日常学习和研究的得力助手。

统一检索系统实现了与主流社交媒体账户的无缝集成，支持微博、QQ、

微信等社交账号直接登录，大大简化了用户访问流程，增强了用户黏性。这种设计充分考虑了现代用户的社交习惯，让用户能够在熟悉的社交环境中轻松访问图书馆资源。

系统与书评网站和网上书店实现了互联互通，为用户提供了丰富的参考信息和购买途径，极大地扩展了用户获取信息的渠道和选择。这一功能不仅方便了用户，也为图书馆与外部资源的整合提供了新途径。

系统提供了个性化服务，如根据用户的阅读习惯和偏好推荐新书和借阅排行，使用户能够及时了解最新、最热的图书资讯。同时，系统还设有读者推荐的绿色通道，鼓励用户参与到图书馆资源建设中来，增加了用户与图书馆之间的互动。

系统的期刊目次推送功能简单而实用，能够根据用户的研究领域和兴趣定制期刊推送服务，帮助用户及时捕捉到学术前沿的动态。

智慧图书馆的统一检索系统以其强大的功能和个性化的服务，极大地提升了用户体验，促进了用户与图书馆资源的深度融合，有效地构筑了一个具有高用户黏性的个性化图书馆环境。

4. 特色资源管理系统

智慧图书馆内部的特色资源管理系统是一个针对图书馆独有资源进行优化管理和数字化处理的先进平台。该系统以图书馆珍藏的特色资源为核心，致力于构建一个结构清晰、易于检索、便于管理的资源服务体系。通过精确的分类管理和高质量的数字化加工，该系统不仅提高了特色资源的利用率，而且方便了用户的查询和使用。此系统特别强调对反映本地区历史、文化、教育和科技特色的资源的管理和推广。它通过采用云服务技术，实现了特色资源的有效对接和共享，为用户提供了一个广阔的资源探索平台。这不仅使得这些具有重要文化价值和学术价值的资源得到了更广泛的传播，也促进了知识的共享和文化的交流。

系统的另一个亮点是建立了资源共享平台，这一平台不仅服务于本图书馆的用户，也向外部开放，实现了与其他图书馆及文化机构的资源共享。通过这种方式，特色资源管理系统有效地拓宽了资源的传播渠道，加强了图书馆之间的合作，共同促进了特色资源的保护、研究和利用。

（三）智慧管理系统

智慧管理系统是专为图书馆管理者和馆员设计的，旨在通过采用先进技术手段，满足图书馆的发展需求与业务特点，推进管理工作的智能化。该系统涵盖多个子系统（见图1-3），共同支持图书馆管理的各个方面，使管理过程更加高效、科学。

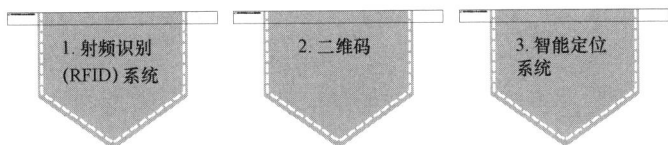

| 1. 射频识别（RFID）系统 | 2. 二维码 | 3. 智能定位系统 |

图 1-3　智慧管理系统的三部分

1. 射频识别（RFID）系统

在智慧图书馆的构建过程中，射频识别（RFID）技术扮演着至关重要的角色，已经成为实现图书馆自动化和智能化管理的关键技术。随着技术的发展，RFID 在图书馆中的应用主要体现在两个频段：高频（HF）和超高频（UHF）。每种频段的 RFID 标签都具备其特定的优势和局限性：高频标签的读取距离较近，容易相互干扰，导致数据漏读；而超高频标签虽然读取距离更远，但其跳频特性可能引起超范围误读的问题。尽管如此，图书馆界正逐渐偏向于使用超高频标签，因为其潜在的问题正通过技术进步得到有效解决，如存储容量和设备成本的问题正在逐步得到解决。RFID 技术在图书馆中的应用极大地简化了借还书流程，使得自助借还成为可能，同时也支持自动分拣、盘点、安全防盗等功能，极大提高了图书馆的管理效率和服务质量。此外，RFID 技术的灵活性和扩展性还允许图书馆根据自身的特定需求和条件，开发具有个性化特征的应用功能，从而最大化地发挥其应用潜力。为了建立一个成功的 RFID 系统，图书馆需要从实际需求出发，选择适合自己的成熟

产品，并确保其能够与图书馆的其他系统互联互通。这不仅需要技术上的投入，也需要对图书馆工作流程的深入理解和合理规划。通过精心设计和实施，RFID 系统可以极大地提升图书馆的运营效率，提高用户满意度，并推动图书馆服务向更加智能化、个性化的方向发展。因此，RFID 系统的建设成为了智慧图书馆建设中的一项基础而关键的任务。

2. 二维码

二维码技术，以其高效的信息编码能力和广泛的应用场景，在智慧图书馆建设中发挥着重要作用。这种可以快速读取并存储大量信息的技术，为图书馆提供了一个灵活多样的工具，以满足现代图书馆服务的多方面需求。

在实现无证借还方面，二维码技术允许用户通过扫描二维码来验证身份，从而借出或归还图书，这不仅简化了借书流程，也提高了图书馆的服务效率。此外，二维码被广泛用于提供使用指引和馆藏信息，在图书馆的不同区域设置二维码，用户扫一扫就能获取到那个区域的使用指南或馆藏类别信息，极大提升了用户的图书馆使用体验。在图书的推广与信息共享方面，二维码同样发挥了巨大作用。图书简介、书评，以及图书馆的活动信息都可以通过二维码的形式快速传递给读者，便于读者分享和传播，这种方式不仅增加了图书及图书馆服务的可见度，也促进了图书馆社区的互动和信息共享。二维码还能作为链接电子资源的桥梁，使得读者能够通过扫描二维码直接下载电子书籍或访问在线资源，这种方式使得图书馆的电子资源更加易于访问，大大丰富了图书馆的服务内容。通过将二维码应用于图书、读者证、员工证，以及图书馆的其他资源和服务中，智慧图书馆能够有效弥补 RFID 技术的不足，提供更加丰富和灵活的数据采集及信息服务方式。二维码技术的引入，不仅为智慧图书馆带来了新的服务模式，也为图书馆管理和服务创新提供了新的可能性，是智慧图书馆不可或缺的技术支持之一。

3. 智能定位系统

智能定位系统在智慧图书馆中扮演着关键角色，它通过精确的定位技术实现了对人员、馆藏物品，以及图书馆设施的实时位置跟踪和管理，从而为读者和图书馆员提供高效、个性化的服务。这一系统分为室外和室内两大部分，各自采用不同的技术以适应不同的定位需求。

对于馆外定位，系统主要依托于全球定位系统（GPS）技术，能够实时捕捉并识别读者的外部位置。通过结合大数据分析和云计算技术，图书馆能够向读者推送其周边图书馆的位置信息及相关服务点，同时提供从当前位置到目的地的精确导航服务。这不仅使得读者能够轻松找到图书馆，还提高了图书馆服务的可及性和便捷性。在馆内定位方面，系统主要关注于人员和馆藏资源的精准追踪。人员定位主要通过 Wi-Fi 定位技术实现，而在某些需要更高精度定位的区域，则采用 ZigBee 技术作为 Wi-Fi 的补充。这种组合技术的应用，不仅能够提供精确的室内定位信息，还能够根据馆内人流量和使用情况，优化图书馆服务和资源分配。对于馆藏资源的定位，则广泛应用了 RFID 技术。通过在书籍和其他馆藏物品上附加 RFID 标签，并在智能书架等处部署 RFID 读取设备，系统能够实时感知并记录馆藏物品的位置信息，这些信息随后被反馈至图书馆管理系统及读者的移动设备上，实现对馆藏资源的实时追踪和管理。

通过综合运用这些先进的定位技术，智慧图书馆能够为读者提供基于位置的个性化服务，如导航、资源推荐等，同时也大大提高了图书馆的管理效率和服务质量。智能定位系统的成功实施，不仅极大地丰富了图书馆的服务功能，也为图书馆的智慧化管理和服务提供了强有力的技术支撑，为读者、馆员乃至整个图书馆管理带来了更大的价值。

（四）智慧学习系统

智慧学习系统，作为智慧图书馆的一个核心组成部分，旨在通过网络平台提供一个全面的教学和学习支持环境。这一系统集成了网上教学、自学辅导、图书馆技能培训、学生培训、师生交流、作业提交、在线测试、学习质量评估等多项服务，为学生和教师提供了一个高效、互动的学习空间。其目的在于通过系统化管理学习活动和记录，使教育管理者能够更好地监控学习

内容、进度和质量，以及制订和调整学习计划，满足学习者个性化的学习需求。随着教育技术的发展，慕课（Massive Open Online Course）作为一种创新的在线课程模式，已经被广泛应用于智慧图书馆的网络学习平台。慕课允许图书馆用户通过网络随时随地接受高质量的在线教育，这不仅拓宽了用户的学习资源，也为用户提供了灵活的学习方式。智慧图书馆通过整合自身的在线资源与外部的优质教学资源，利用慕课平台为用户提供了丰富多样的学习内容和优质的学习体验。

智慧学习系统的实施，极大地促进了教育资源的共享和利用，打破了传统教育的时间和空间限制，实现了教学资源的最大化配置和利用。通过这个平台，学习者可以根据自己的学习节奏和兴趣选择合适的课程，同时也能够通过在线交流和协作，与其他学习者共享学习经验，形成学习共同体。对于教育管理者而言，智慧学习系统提供的数据分析工具和质量评估机制，使他们能够实时监控学习过程，及时调整教学策略，以提高教学效果和学习效率。

（五）智慧馆员系统

智慧图书馆的成功运营不仅依赖于先进的技术和系统，更离不开高素质的图书馆馆员。智慧馆员系统，作为智慧图书馆中的一个关键支持系统，旨在全面提升馆员的工作效率和服务质量。这一系统通过培养馆员掌握各种智慧应用技术，使其不仅能熟练运用智慧图书馆的各项系统，还能成为解答读者咨询、解决问题的专业人士。智慧馆员系统的实施，对于提高图书馆整体的管理水平和服务质量具有至关重要的意义。

智慧馆员系统主要建设内容如下（见图1-4）。

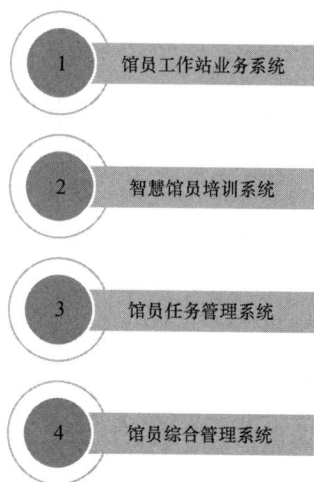

1 馆员工作站业务系统

2 智慧馆员培训系统

3 馆员任务管理系统

4 馆员综合管理系统

图1-4　智慧馆员系统主要建设内容

1. 馆员工作站业务系统

馆员工作站业务系统构成了馆员日常管理图书馆资源的核心工具，专为支持图书信息核实、盘点及借阅管理等关键业务设计。这个系统是智慧图书馆高效运转的基石，能够使馆员的工作流程更加标准化、自动化，大幅提升工作效率。为了满足智慧图书馆的特定需求，该系统需要进行定制开发，以确保其功能和性能完全符合图书馆的操作流程和服务目标。通过集成最新的信息技术，馆员工作站不仅简化了传统的图书管理任务，如借还书登记、图书分类和馆藏管理，也为馆员提供了强大的数据分析和查询工具，支持他们进行更深入的馆藏分析和用户服务优化。此系统的设计和实施，充分体现了智慧图书馆对于提升管理效能和服务质量的重视，为馆员提供了一个强有力的工作平台。

2. 智慧馆员培训系统

为了促进传统馆员向智慧馆员的成功转变，建立一个专门的智慧馆员培训系统显得尤为关键。该系统旨在为馆员们提供一个全面、灵活的学习平台，不仅支持团体集中培训的模式，也适应个人自主学习的需求。通过这个培训系统，馆员可以学习到关于智慧图书馆运营、智慧技术应用、用户服务创新等方面的知识和技能，确保他们能够在智慧图书馆环境中高效工作，提供优质服务。智慧馆员培训系统的内容涵盖了从基础知识到高级应用的各个层面，包括最新的图书馆管理软件操作、数字资源整合、在线用户服务策略等，以及如何利用大数据、人工智能等现代信息技术来提升图书馆服务效率和质量。此外，系统还提供了丰富的互动学习工具和资源，如视频教程、在线研讨会、模拟操作等，旨在提高学习的实用性和有效性。

通过智慧馆员培训系统的学习，馆员不仅能够掌握智慧图书馆所需的专业技能，还能够培养创新思维和服务意识，为读者提供更加人性化、智能化的服务。这个系统的建立和完善，对于提升图书馆整体服务水平、实现图书馆的智慧化转型具有重要意义。

3. 馆员任务管理系统

为了提升馆员的工作效率和管理水平，开发一个定制化的馆员任务管理系统显得尤为重要。这个系统旨在紧密结合馆员的日常工作任务，通过精确的任务分解和动态管理，确保每项工作都能高效有序地执行。根据图书馆内部的工作流程和标准，系统能够对各种任务进行详细规划和分配，同时实时跟踪任务进度，确保所有工作环节都能顺利进行。

通过个性化的设计，馆员任务管理系统能够为每位馆员提供专属的工作界面，其中不仅列明了他们的具体任务、任务状态、截止日期等信息，还能根据实际情况进行任务调整和优化。此外，系统还内置了协作工具和通信平台，便于馆员之间的相互协作和信息共享，从而提高团队整体的工作效率。系统的引入不仅能够使馆员更加明确自己的工作职责和目标，也能够让管理者更轻松地监控和协调各项任务的执行情况，及时发现和解决问题。

4. 馆员综合管理系统

馆员综合管理系统是一个全面覆盖馆员个人管理需求的信息平台，它集合了考勤管理、绩效评估、职务晋升、财务管理等多个关键模块。此系统旨在为馆员提供一个一站式的自助管理解决方案，使他们能够高效、便捷地处理各项日常管理事务。通过这一平台，馆员可以实时查看和管理自己的考勤记录、绩效评价结果、职务等级变动、财务状况等信息，同时也能够在线提交相关申请和反馈。系统的设计充分考虑了用户友好性和操作便捷性，采用直观的用户界面和流畅的操作流程，确保馆员能够轻松上手，有效提升工作效率。此外，系统还具备强大的数据分析和报告功能，能够为管理层提供精确的人力资源和财务管理分析报告，帮助管理者做出更为科学合理的决策。

通过实施馆员综合管理系统，不仅极大地提升了馆员的自我管理能力和工作积极性，也为图书馆管理层带来了便捷高效的管理工具，实现了图书馆人力资源和财务管理的现代化、信息化。

（六）智慧社交系统

随着信息技术的快速进步，特别是在大学生群体中，移动社交应用如微信等已成为日常沟通的主要方式，因此，发展具有先进智慧社交功能的智慧图书馆成为顺应时代发展的必然趋势。智慧社群系统的构建，旨在创建一个综合学习、社交和娱乐多功能的空间，满足新一代读者的需求。该系统采用线上线下相结合的 O2O 模式，不仅提升了图书馆的服务功能，也为读者打造了一个全面的支持平台，使图书馆成为学习和社交的理想场所。

智慧社交系统的建设内容见图 1-5。

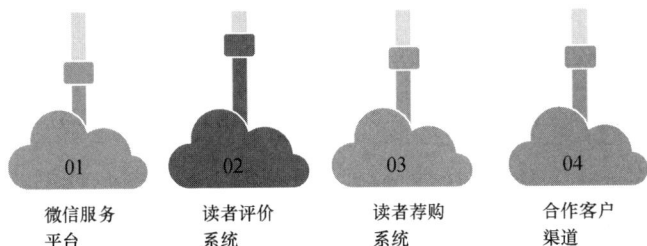

01	02	03	04
微信服务平台	读者评价系统	读者荐购系统	合作客户渠道

图 1-5　智慧社交系统的建设内容

1. 微信服务平台

智慧图书馆微信服务平台的建设旨在深化图书馆与读者之间的连接，通过提供全面而便捷的微信服务，将这一流行的社交平台转变为一个功能丰富的图书馆服务渠道。通过微信服务平台，读者可以实现与借书证的绑定，直接使用微信进行图书的借阅、场馆预约等操作，极大提升了服务的便捷性和用户体验。该平台还支持个人图书馆账户管理，用户可以通过微信随时查看自己的借阅记录、到期提醒、个人数据更新等，有效提高了图书馆服务的个性化和实时性。此外，平台还提供了直接访问和下载电子文献、影音资源等数字化内容的功能，方便读者获取图书馆丰富的线上资源。针对图书馆服务中的费用支付，微信服务平台也提供了便捷的解决方案，包括逾期罚款、打印复印费用，以及其他服务费用的微信支付功能，简化了支付流程，减少了

用户的时间成本。同时，平台还支持讲座、影视频节目等活动的在线预订服务，为读者参与图书馆活动提供了便利。更进一步，微信服务平台通过建立专门的学科微信群，为特定学科领域的学习和研究提供了专属的社交和信息分享平台，促进了学科发展和学术交流。整体而言，微信服务平台的功能完善和丰富直接促进了智慧图书馆服务模式的创新，使图书馆服务更加贴近读者的日常生活，增强了图书馆的服务效能和用户满意度。

2. 读者评价系统

构建读者评价系统是智慧图书馆向互动社区转型的关键步骤之一。该系统旨在为读者提供一个便捷的平台，使他们能够自由地评价图书馆的藏书、分享读书心得和体验。通过实施积分奖励机制，鼓励读者积极参与评价活动，从而营造一个健康、积极的评价文化。在这个平台上，读者的每一次评价都将获得相应的积分奖励,这些积分可用于兑换图书馆提供的各种服务或礼品。该系统不仅增强了读者之间的互动交流，提升了读者参与图书馆活动的积极性，而且还为图书馆管理提供了宝贵的第一手反馈信息。图书馆可以根据读者评价收集到的数据分析读者需求和偏好，进而调整和优化藏书结构和服务内容，使图书馆的服务更加贴合读者的实际需求。

通过读者评价系统，智慧图书馆能够更好地理解读者的想法和期望，促进图书馆与读者之间的互动，提高服务质量，同时也为读者创造了一个分享和探索的社区空间，加深了读者对图书馆的情感归属感。这种基于评价的互动机制，是智慧图书馆服务创新的重要组成部分，对于提升图书馆的整体服务水平和读者满意度具有重要意义。

3. 读者荐购系统

实施读者荐购系统是智慧图书馆增强读者参与度和满足读者需求的有效策略。该系统允许读者直接参与图书馆的藏书建设过程，对于他们迫切需要但图书馆尚未收藏的图书，可以通过这一平台向图书馆提出荐购请求。图书馆将根据这些建议，以及自身的采购规则和预算情况，做出相应的采购决策。读者荐购系统的设置，不仅反映了图书馆服务的开放性和透明性，还体现了图书馆对读者意见的重视和对满足读者需求的承诺。通过这一系统，读者能够更直接地影响图书馆的藏书结构，同时，图书馆也能够通过收集和分析读者的荐购数据，更准确地掌握读者的阅读偏好和需求趋势，进而优化其资源配置和服务策略。此外，读者荐购系统还能增强读者对图书馆的归属感和满意度，通过让读者参与到图书馆的决策过程中，建立起图书馆与读者之间更紧密的联系。这种互动性和参与感是提升图书馆服务质量、构建活跃图书馆社区的关键因素。

4. 合作客户渠道

建立一个针对合作客户的在线业务渠道是智慧图书馆拓展合作网络和优化合作流程的关键措施。这一平台旨在为出版商、书店、地方文化资源供应商、其他图书馆，以及其他有业务关系的机构提供一个专门的交流和联络窗口。通过这个在线渠道，智慧图书馆能够与合作伙伴进行更为高效、直接的沟通和协作，从而进一步加强双方合作关系，简化业务处理流程。该合作客户渠道不仅支持信息的即时交流和共享，还提供了合作项目管理、电子合同签署、在线议程安排等功能，极大提高了合作效率和便利性。此外，平台还可以根据合作伙伴的反馈和需求，不断优化服务和合作模式，推动双方在资源共享、联合研究、文化活动组织等方面的深入合作。

通过这种在线业务渠道的建立，智慧图书馆不仅能够更好地利用外部资源，丰富图书馆的服务内容和形式，也为图书馆的战略发展和文化使命的实现提供了有力的支撑。这一系统的实施，标志着智慧图书馆在合作管理和业务处理方面迈向了更加智能化、网络化的新阶段。

（七）智慧服务系统

智慧服务构成了智慧图书馆的中心，它不仅将传统图书馆服务转化为更加智能化的形式，而且还融合了多种先进技术来推出各类创新服务。这些服务旨在满足用户日益增长的信息需求，提升图书馆的服务效率和质量。具体来说，智慧服务系统主要包括以下三个子系统（见图1-6）。

自助服务系统

01

02   03

移动图书馆   个性化定制服务

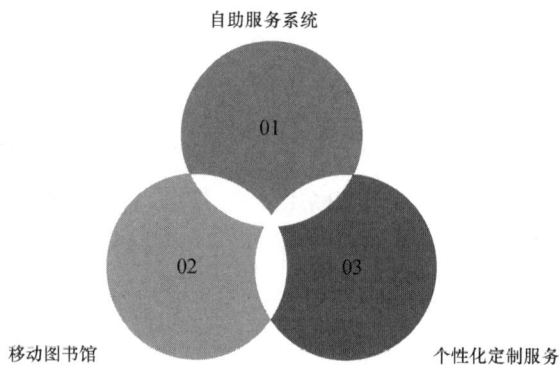

图1-6　智慧服务系统的三部分

1. 自助服务系统

在现代化的智慧图书馆中，提供一系列自助服务项目成为了提升图书馆服务质量和效率的关键。这些服务旨在满足读者对自主服务选择的需求，同时减轻图书管理员的工作负担，使他们能够专注于提供更专业化的服务。自助服务的项目范围广泛，包括但不限于办理图书馆会员证、借阅和归还图书、文档打印、复印和扫描、预约图书馆内的工作或学习空间、检索电子资源，以及完成各类费用的自助缴纳。这种自助服务模式的实施，不仅提高了图书馆的工作效率，也极大地丰富了图书馆服务的内涵。它允许读者根据个人的时间安排和需求，自行完成多种图书馆事务，从而提高了访问图书馆的便利性和体验满意度。此外，随着技术的不断进步和读者需求的变化，图书馆还可以不断探索和开发新的自助服务项目，进一步扩大服务范围，提升服务质量。实施自助服务的同时，图书馆还需保持对这些服务平台的定期维护和更新，确保服务的顺畅和安全。此外，针对不熟悉自助服务操作的读者，图书馆应提供简明易懂的操作指南和必要的人工帮助，以保证每位读者都能顺利利用这些自助服务。通过这种自助服务方式，图书馆能够更好地满足现代读者的需求，同时也促进了图书馆资源的高效利用和管理。读者可以更加灵活地安排自己的学习和研究活动，而图书馆工作人员则可以将更多精力集中于提供更加深入和个性化的服务上，共同创造一个更加智能、便捷和高效的图书馆服务环境。

2. 移动图书馆

随着移动互联网和多媒体技术的快速发展，图书馆服务已经迈入了一个全新的时代——移动图书馆的时代。这种服务模式充分利用了先进的移动通讯技术和互联网，打破了传统图书馆服务受时间和地点限制的束缚，为广大读者提供了前所未有的便利和灵活性。通过移动设备如智能手机、个人数字助理（PDA）、手持电子书阅读器、平板电脑等，用户可以随时随地接入图书馆的丰富资源，进行信息查询和内容浏览。

移动图书馆的核心在于提供一个集成化的平台，通过这个平台，读者可以轻松访问和管理图书馆的各类资源，包括纸质图书和电子资源。这项服务主要通过移动应用程序（App）实现，使得读者能够进行全面的目录检索、书籍和文章的查询、全文阅读、新书预定、图书续借等一系列功能。特别是对于联机公共检索目录（OPAC）的访问，移动图书馆通过精心设计的用户界面，确保了搜索和检索的便捷性和高效性。除了基本的图书检索和阅读功能外，移动图书馆还强调提升用户体验，引入了如新书推荐、借阅期限提醒等个性化服务，这些功能不仅增加了图书馆服务的吸引力，也大大提高了用户的满意度和忠诚度。通过智能化的提示和提醒，读者可以更好地管理自己的借阅记录，避免逾期等问题。随着技术的进一步发展，移动图书馆还有潜力开发更多创新服务，如增强现实（AR）图书浏览、虚拟现实（VR）阅览室等，这些都将为读者提供更加丰富和沉浸式的阅读体验。同时，为了保证服务质量和用户体验，移动图书馆需要不断更新和优化其 App，保证其操作界面友好、功能齐全且稳定可靠。

3. 个性化定制服务

在今日图书馆服务领域，个性化定制服务成为了提升读者满意度和增强用户体验的重要手段。这种服务通过深入分析读者的个人偏好、职业背景，以及所在地理环境等多个维度，精准地向读者提供符合其个性化需求的定制内容，包括但不限于为读者量身定做的图书推荐、电子期刊的订阅服务、讲座与研讨会的通知、最新科研资讯的查找、影视作品的推荐等。这类服务的

实施，旨在构建一个更加贴近读者需求且更具互动性的图书馆环境。例如，基于读者的阅读历史和偏好算法，图书馆能够推送最适合该读者的书籍；针对科研人员，提供最新的科研成果和技术动态的定制查新服务；对于文艺爱好者，则可以安排个性化的影视作品欣赏或文化艺术讲座推荐。通过这些精准定制的服务，读者可以更加方便快捷地获取自己感兴趣的信息和知识，极大地提高了图书馆的使用价值和用户满意度。

个性化定制服务的成功关键在于图书馆能够有效收集和分析用户数据，并不断调整和优化服务内容，确保服务的个性化和时效性。此外，图书馆也需要探索和尝试新的服务项目和服务模式，以适应读者需求的多样化和变化。例如，可以通过社交媒体平台进行互动，了解读者的即时需求和反馈，或是通过数据分析工具预测读者未来可能的兴趣点，从而提前准备相关的服务内容。

三、构成智慧图书馆的核心要素

智慧图书馆，一个融合了现代技术与传统知识的综合体，其核心构成要素包括专业的图书管理员、丰富多样的图书与电子资源、高质量的读者服务、先进的信息技术应用，以及为满足这些功能设计的现代化图书馆建筑（见图1-7）。这些要素共同作用，确保了智慧图书馆能够有效地满足读者的需求，促进信息的交流与知识的共享。

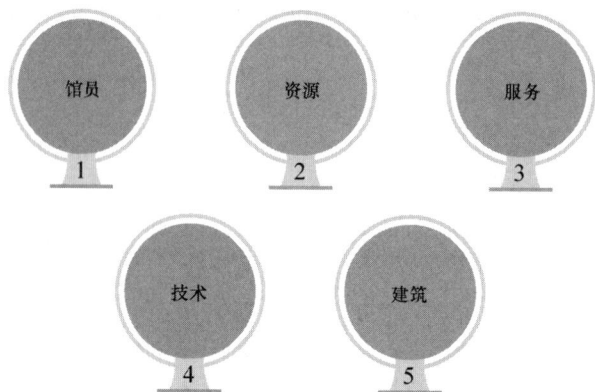

图 1-7　智慧图书馆的核心要素

（一）馆员

在智慧图书馆这个信息与知识的汇集地，馆员扮演着至关重要的角色。作为图书馆服务体系的核心，他们不仅是各类图书馆活动的推动者，还负责整个图书馆的资源构建、读者咨询服务、书籍借阅与归还、专业学科服务、信息技术的应用与维护等关键职责。馆员的专业技能和服务意识，在智慧图书馆的日常运营中占据了核心地位，确保了图书馆能够高效地满足读者的多元化需求，促进知识的传播和信息的有效利用。

（二）资源

图书馆的核心资产在于其所拥有的丰富资源，这为开展各项图书馆服务提供了坚实的基础。在智慧图书馆的背景下，这些资源不仅涵盖了传统的印刷图书和期刊，更广泛地包含了数字资源、多媒体内容、大数据资源等现代信息载体。这样的资源组合不但保留了图书馆传统的文化和知识价值，同时也拓宽了服务范围，满足了现代用户多样化的信息需求。智慧图书馆通过这些综合性的资源配置，能够为用户提供从经典文献到最新科研资料的全面支持，进而推动知识的创新和传承。在这个过程中，图书馆的资源得到了有效的利用和更新，确保了图书馆服务的活力和时代感。

（三）服务

在智慧图书馆的框架内，提供高质量的服务构成了其核心职能，直接关系到图书馆的用户价值和影响力。服务的多样化和高效性是智慧图书馆区别于传统图书馆的显著特点，涵盖了从基础的借阅服务到专业的参考咨询，以及根据用户需求定制的信息获取服务、面向特定学科领域的专业服务，乃至深度的情报研究与分析服务等。这些服务的设置和优化，旨在更好地满足现代用户的信息需求，促进用户的知识获取和学术研究。智慧图书馆通过整合

和利用先进的信息技术，不仅能够提升服务效率，还能够根据用户行为和偏好提供个性化服务，从而大大增强用户体验和满意度。智慧图书馆的服务创新，也体现了图书馆在知识社会中的积极作用和价值。

（四）技术

技术在智慧图书馆的构建和运营中发挥着至关重要的角色，它不仅是这些先进图书馆体系运作的基石，也是驱动其持续创新和发展的核心动力。智慧图书馆依托于一系列尖端技术，如物联网、云计算、大数据分析、社交媒体、移动通信等，构建起一个高效、灵活且用户友好的服务平台。通过这个平台，智慧图书馆能够实现资源的数字化管理，提供便捷的远程访问服务，满足个性化用户需求，以及进行数据驱动的服务优化和决策。这样的技术支撑不仅极大地提高了图书馆的服务效率和质量，也使图书馆能够更好地适应数字时代的变化，满足信息社会对知识获取和共享的高要求。在智慧图书馆中，技术的应用和创新是推动图书馆服务向前发展的不竭动力，确保了图书馆能够持续为用户提供先进、高效和个性化的服务。

（五）建筑

建筑在智慧图书馆的生态系统中扮演着至关重要的角色，它不仅是图书馆实体服务的基础场所，也是支撑图书馆各项功能的关键。智慧图书馆的建筑设计不仅需要为馆员提供一个高效的工作环境，确保图书与资源的安全存储，同时也要为广大用户提供一个舒适、便利的阅读和研究空间。此外，智慧图书馆的建筑设计还需考虑技术设施的安装和维护需求，以容纳那些保障图书馆信息服务运行的先进设备。因此，建筑不仅是智慧图书馆的物理表现，更是其服务功能、技术运作与用户体验相互作用的物理基础。没有恰当的建筑支持，智慧图书馆将难以实现提供高效、智能化的服务目标。

第三节　图书馆建筑智能化

一、图书馆建筑智能化介绍

自 20 世纪 80 年代起，随着计算机和信息技术等领域的飞速发展，智能建筑的概念应运而生，它标志着人类对居住和工作环境智能化追求的一大飞跃。智能建筑的发展紧密跟随信息技术的进步，由于信息技术的不断演进，智能建筑的定义也在不停地更新和扩展。全球各地的智能建筑学会和专家对于智能建筑的定义各不相同，没有一个统一定义。在这种背景下，美国智能建筑学会提出了一个较为全面的定义，认为智能建筑是通过对建筑结构、系统、服务、运作，以及它们之间的相互作用进行全面优化，以实现建筑的高效率、高功能性和高舒适度的综合体现。智能建筑不仅是关于建筑物和室内环境的智能化设计，它更加注重创造一个便捷、舒适和健康的居住或工作环境。在中国，智能建筑的定义被进一步扩展，强调了建筑作为一个平台，通过集成各种智能化信息技术，构建出具有感知、传输、存储、分析、决策能力的智能系统。这样的系统不仅促进了人、建筑和环境之间的和谐共存，也为居住者提供了一个安全、高效、方便且可持续的生活环境。智能建筑的核心在于它的智能化特征——能够自动感知环境变化，根据居住者的需要和偏好，自动调节建筑内的光照、温度、湿度等，同时，通过智能系统的集成应用，实现能源的高效利用，提升居住和工作的质量。此外，智能建筑还重视对未来技术的适应性和可持续发展能力，不断融入新的技术，以满足人们对高品质生活环境的期待。

智慧图书馆代表着图书馆现代化的新篇章，它是信息技术与图书馆服务深度融合的产物。通过整合建筑设计、计算机科技、通信网络、自动化系统等多方面技术，智慧图书馆为用户提供了一个全新的信息获取和学习环境。这种图书馆的出现，正是社会信息化和技术进步趋势下的自然结果。在数字

化和网络化的大背景下，智慧图书馆快速成为了全球范围内关注的焦点。它利用先进的网络技术和软件平台，通过高速的通信网络，实现了资源的高效管理与服务的智能化，为用户提供便捷的访问和个性化的服务体验。智慧图书馆的智能化管理系统能够在统一的操作界面下，实现对图书馆内部环境、资源流通、用户互动等方面的集中监控、控制与管理，大大提高了图书馆的运营效率和服务质量。智慧图书馆的构建不仅是技术上的革新，更是图书馆服务理念和模式的全面更新。它借助最新的信息技术，不断优化资源配置，改进服务流程，以满足现代用户多样化的信息需求。智慧图书馆成为了信息时代人们学习、研究和文化交流的重要平台，展现了图书馆在促进知识共享和信息普及方面的新功能和新价值。

在当代智能建筑的设计和实施中，通常涵盖三个核心系统：建筑自动化系统（BAS）、通信自动化系统（CAS），以及办公自动化系统（OAS），合称为"3A"。这三大系统构成了智能化建筑的基础框架，是其不可或缺的功能部分。随着技术的进步和市场的需求，一些开发商为了增加建筑的技术含量和市场吸引力，进一步引入了防火监控系统（FAS）和信息管理自动化系统（MAS），甚至还包括保安监控系统（SAS），形成了更为复杂的"5A"或"6A"智能建筑模式。不过，按照国际上的常规做法，FAS和SAS通常被纳入BAS范畴，而MAS则视为CAS的一部分。因此，在全球范围内，关于智能建筑的功能划分仍主要遵循"3A"的标准体系。这种分类不仅简化了智能建筑的概念，也便于对其核心功能的理解和实现。

智慧图书馆作为现代化的知识中心，利用了先进的电子信息技术、计算机科技与通信手段，将传统图书馆的环境转化为一个高度自动化和智能化的空间。这种转变不仅使图书馆的日常运营变得更加高效，还极大提升了访问者的使用体验。在智慧图书馆中，一系列的智能系统负责监控和调整室内环境参数，如温度、湿度和照明强度，保证阅读和学习的环境始终保持在最佳状态。随着技术的不断进步，这些建筑智能化的应用不仅限于环境调控。它们还包括对图书馆资源的管理，如自动化的书籍归还和借出系统、智能检索系统，以及各种互动学习工具和资源的电子访问平台。这些智能系统的集成不仅提高了图书馆资源的可获取性，还大幅度提升了图书馆服务的个性化和用户满意度。此外，智慧图书馆还借助于数据分析和人工智能技术，对用户行为进行分析，以便更好地理解用户需求并提供定制化服务。这样的系统能够基于用户的阅读偏好和历史借阅记录推荐书籍，进一步优化用户体验。同时，这种技术的应用也为图书馆管理提供了便利，使图书馆能够更有效地管理其资源，确保资源的有效分配和利用。

二、智慧图书馆建筑智能化特征

现代智慧图书馆智能化通常具有楼宇自动化、通信自动化、办公自动化、布线综合化等特征（见图 1-8）。

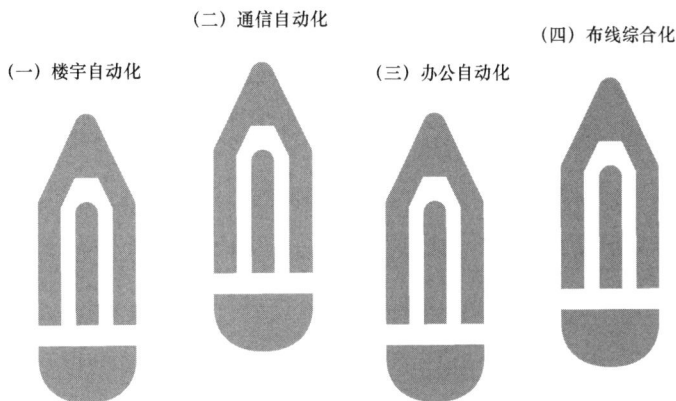

图 1-8　智慧图书馆建筑智能化特征

（一）楼宇自动化

在当代的智能建筑领域，楼宇自动化系统已经成为提升建筑效能和用户体验的重要技术。它依托于尖端的自动控制技术与计算机科技,特别是在图书馆这样的知识空间，楼宇自动化技术发挥着不可或缺的作用。该系统通过集成先进的数据处理功能、自动化测量与控制技术，并通过网络连接各种子系统，如能源管理、设备控制、安全保障等，实现了建筑管理的高度智能化。

通过楼宇自动化系统，图书馆能够实现对其内部环境的精细管理，包括但不限于温度调控、湿度维持、照明调节等，从而为用户提供一个优质的阅读和学习环境。此外，该系统还能够对图书馆的能源使用进行实时监控和优化管理，有效降低能源消耗，减少运营成本，同时也为环保贡献力量。楼宇自动化系统的一个重要应用是其在安全管理方面的应用。通过对消防系统、安全监控系统的集成和智能化管理，能够有效预防和应对各类紧急情况，保护图书馆的资产安全和访问者的人身安全。这一系统能够对异常情况进行及时响应，通过自动报警、疏散指导等措施，大幅提高了图书馆的安全防范能力。更进一步地，楼宇自动化技术还促进了图书馆服务的智能化。通过智能识别和跟踪技术，图书馆能够提供自动化借还书服务、智能导航，以及基于用户行为的个性化推荐等服务，极大地提升了用户体验和服务效率。这些服务的实现，依赖于楼宇自动化系统中的数据分析和处理能力，能够精准捕捉用户需求，及时提供相应服务。

（二）通信自动化

通信自动化系统在构建现代智能图书馆中扮演了核心角色，通过部署一个全图书馆范围内的综合数字通讯网络，它实现了图书馆内各个楼层与区域之间的流畅信息交流。该网络的功能远不止于支持基本的语音、数据和图像传输；它还能够与世界各地的外部通信网络，如公共电话网络、互联网、数据通信网络、卫星通信网络等，实现无缝对接。这种互联互通保障了图书馆信息资源的广泛覆盖和即时更新，从而极大地提高了图书馆服务的效率和响应速度。借助于这样一个高效的通信自动化系统，图书馆能够向访问者提供迅速而准确的信息查询服务，极大地促进了图书馆资源的共享与高效利用。无论访问者位于图书馆的何处，都能轻松接入图书馆的丰富数字资源库，包括电子书、在线期刊、多媒体内容等。这不仅提升了访问者的使用体验，也使得知识获取更为便捷和全面。此外，通信自动化还为图书馆员工的协同工作和图书馆的整体管理带来了极大的便利。员工可以通过该系统远程访问图书馆的管理系统，实时监控图书馆的运营状况，从而更有效地进行资源配置和服务优化。这样的技术实践不仅提升了图书馆的内部管理效率，也优化了图书馆的服务流程和质量。通过实施通信自动化技术，图书馆服务的范围得到了大幅拓展，使图书馆能够超越传统的时空限制，更好地满足数字时代用户的多元化需求。同时，这种技术的应用也构建了一个技术桥梁，促进了图书馆与全球其他图书馆及教育研究机构之间的信息交流和合作，进一步推动了全球知识的共享和传播。

（三）办公自动化

办公自动化技术在现代智慧图书馆的发展中起到了决定性的作用，将最新的计算机技术、通讯技术、多媒体技术，以及行为科学理论紧密结合，显著提升了图书馆管理文献和提供读者服务的效率与服务质量。这一技术的应用范围广泛，覆盖了图书馆的各个运营环节，从图书的采购、整理、归类到借阅服务，包括文献检索、读者咨询在内的前台服务，乃至图书馆的行政管理、财务管理、人力资源管理等后台办公事务，都得到了极大的优化和提升。通过引入办公自动化系统，图书馆实现了对藏书和资源的数字化管理，极大地简化了资源的检索和共享过程，使得读者能够通过简易的操作快速找到所需资料。同时，这种自动化处理还使图书馆能够提供更为多样化的服务，诸如在线参考咨询、电子阅览服务、远程教学支持等，从而丰富了图书馆的服务范畴，并极大地提高了用户的满意度和图书馆的吸引力。更进一步地，办公自动化技术的应用还带来了图书馆内部管理的革新。它通过自动化的信息处理和流程管理，不仅提高了工作效率，减少了人力资源的消耗，还通过数据分析支持管理决策，使图书馆能够更加精准地进行藏书规划、服务设计和资源配置，满足读者日益多样化和个性化的需求。此外，办公自动化还为图书馆工作人员提供了便利的工作条件和环境。通过系统化的管理工具和平台，工作人员可以更有效地协作和沟通，无论是内部项目协调还是跨部门合作，都变得更加流畅和高效。这种技术的应用不仅提升了图书馆的整体运营效率，

也优化了工作流程，进一步提升了图书馆服务的专业性和深度。

（四）布线综合化

在构筑智慧图书馆基础设施的过程中，综合布线系统扮演着至关重要的角色，它通过一个精心设计的结构化布线方案，为图书馆中的信息技术设备和通信系统提供了一个高效、稳定且易于维护的物理连通平台。这一系统是图书馆数字化、网络化服务的物理基础，支持计算机网络、数据通信、电话服务及多媒体内容的分发和接入，确保了信息与数据的流畅交换。采用先进的结构化布线设计，综合布线系统具备了高度的适应性和扩展性，能够满足当前乃至未来长期的数据传输需求。这种前瞻性的设计考虑了技术发展的快速变化，使得图书馆能够在不重新布线的情况下，适应新技术的接入和现有服务的升级，从而降低了长期的维护成本和系统升级的复杂性。

在智慧图书馆的设计和规划阶段，综合布线系统作为信息技术设施的核心，被精心布局以确保整个图书馆内的信息流动高效且无阻碍。这不仅提高了数据传输的效率，也极大地简化了网络和通信系统的管理工作，使得图书馆的 IT 团队能够更加便捷地监控和维护整个网络环境。通过实施结构化的综合布线方案，图书馆可以灵活配置和优化其网络服务布局，以应对不断增长的信息处理需求和不断扩大的信息技术服务范围。无论是面对读者的信息查询，还是满足后台数据处理的需要，综合布线系统都能提供坚实可靠的支持，确保用户无论身在图书馆的哪个角落，都能享受到稳定快速的访问体验。此外，综合布线的标准化设计还赋予了图书馆极强的系统扩展能力。随着服务需求的增长和新技术的引入，图书馆可以在不影响原有系统架构的基础上，轻松添加新的服务和功能模块。这种灵活性和扩展性保证了图书馆信息技术系统的持久性和可持续发展能力，使图书馆能够适应快速发展的信息时代，持续为用户提供高质量的服务。

三、智慧图书馆建筑智能化建设的范畴

智慧图书馆的构建实质上是一种建筑技术与信息技术的深度融合，形成了一个集成化的综合系统。这种系统不仅推进了图书馆服务功能向数字化的全面转型，还显著提高了图书馆建筑管理的智能化水平。在这一网络化、集成化的框架下，智慧图书馆实现了业务操作的高效化与建筑管理的自动化，这包括了楼宇自动化、通信自动化和办公自动化三个核心子系统（见图1-9），以确保图书馆服务与管理的先进性和便捷性。

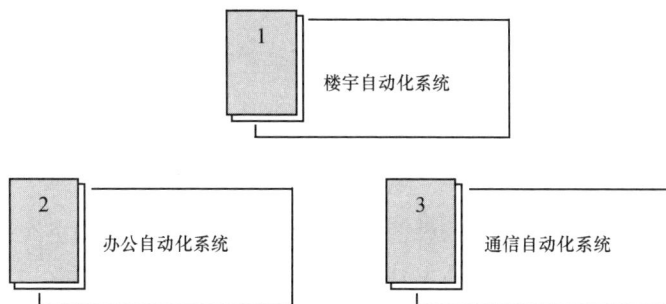

图 1-9　图书馆建筑智能化包含的三个主要的子系统

（一）楼宇自动化系统

图书馆楼宇自动化系统作为智慧图书馆基础设施的核心部分，通过融合尖端的网络和软件技术，为图书馆的基础设施和关键系统提供了全面的管理解决方案。这个系统广泛应用于图书馆的多个重要领域，包括但不限于消防安全、空调调节、安全防护（防盗系统、视频监控、入口控制及巡查系统）、公共广播系统、能源管理（电力分配和照明系统）、水资源管理、停车场管理、电梯调度等多个方面，构建了一个综合的自动控制和管理网络。通过部署这一楼宇自动化系统，图书馆能够实现对上述关键子系统的实时监控和精确控制，所有这些都可以通过一个集中的操作平台来完成。这种集成化管理不仅确保了图书馆环境的安全性、舒适性和高效能源利用，而且还极大地提高了

运营效率并降低了维护成本。例如，空调系统能自动侦测和适应内外环境温度的变化，自动调整以保持阅览区的温度在最理想状态；消防和安全系统则能迅速对各类突发事件做出响应，有效保护图书馆财产和人员安全。此外，该系统还具有显著的节能特点，通过对照明和能源的智能化管理，不仅优化了能源使用，还显著降低了图书馆的运营开支。设备监控和控制功能保证了图书馆内部各类设施的稳定运作，及时的维护管理也大大延长了设备的服务周期，降低了设备故障的可能性。

（二）图书馆业务网络系统

智慧图书馆的业务网络系统，作为其数字化办公的核心，融合了众多专业化子系统，致力于提高图书馆的管理效能及服务品质。该系统的构建基于几大关键模块。第一，多媒体导读模块，它通过提供图书馆概况、使用指南及查询服务，使读者能迅速熟悉图书馆环境并有效地利用其资源。第二，信息资源管理模块，该模块贯穿文献采集、归类、借阅及存储的整个过程，并融合了共享目录、电子资源、微缩资料、数据存储等多项服务，以确保资源管理的效率和便捷。第三，信息服务模块，提供了全面的检索服务，涵盖图书馆藏书查询、在线目录、光盘资料、网络资源服务和信息发布等，以满足广泛的学术研究与学习需求。读者管理部分，旨在处理借阅、预约、续借提醒、罚金及赔偿等事务，通过优化读者服务流程，提升用户体验，维护图书馆的运行秩序。系统还包括人力资源、财务、物流、档案管理等后台管理功能，以及书籍保养、消毒和自动传输等特殊服务，构成了一个动态高效的管理与服务平台。通过部署这一综合业务网络系统，智慧图书馆能够实施资源与服务的全面数字化管理，同时，提供更加快捷和定制化的服务，满足当代读者多样化的需求。这不仅标志着图书馆服务管理向高度自动化、智能化的转变，也为提升图书馆的整体功能性和用户满意度提供了强有力的支撑。此系统的应用，进一步强化了图书馆作为知识和信息共享中心的核心地位，使其能够更有效地服务于公众的学习、研究和娱乐需求。

（三）通信自动化系统

图书馆的通信自动化系统是构建在高级通信技术基础上的，整合了自动化网络管理、数字通信、多媒体数据处理、全面的网络接入等功能，极大地强化了图书馆与外界的信息交换能力。这一系统支持多种数据格式，如文本、图片、音频和视频，从而确保图书馆服务的全面和高效。具体而言，该系统通过现代通信技术，如卫星链接和微波传输，实现了高效的跨馆借阅和远程访问服务，同时在系统中实施了高级的安全协议以保护数据传输的安全性和用户隐私。这种全面的通信设施不仅优化了图书馆的内部管理，使得工作流程更加高效，还提升了图书馆工作人员的工作效率和服务准确度。此外，通信自动化系统为读者提供了快速、可靠且安全的交流平台，改善了用户的信息获取途径，扩展了图书馆的服务范围，使其能够提供更广泛的资源检索和共享服务。这一系统的部署标志着图书馆在数字化转型道路上迈出了坚实的步伐，为适应现代信息社会的需求提供了强有力的技术支持。

通过这一全面的通信自动化系统，图书馆能够更有效地发挥其在教育、研究和文化交流中的中心作用，连接不同的学习和研究活动，促进知识的创造和传播。这不仅增强了图书馆的核心竞争力，也提高了公众对图书馆服务的满意度和依赖度，为图书馆在智能信息时代中的持续发展和服务创新提供了坚实的基础。

四、图书馆建筑智能化设计的原则

在设计智慧图书馆建筑智能化系统时，必须遵守一系列原则，旨在确保系统高效、安全、经济并具前瞻性。

（一）安全性

安全性是最基础的考虑，包含设备安全、在各种环境下的稳定工作能力，以及信息传输的安全性和可靠性。

（二）开放性

开放性原则强调系统应支持图书馆内外信息资源的自由交流和共享，确保知识的无缝连接。

（三）标准化

标准化要求系统建设必须遵循国内外的相关标准和规范，确保系统的互操作性和兼容性。

（四）实用性

实用性原则着眼于系统的实际应用价值，要求在追求技术先进性的同时兼顾经济性，确保系统的高效运用。

（五）经济性

经济性原则指引着在系统设备和方案选择时要考虑成本效益，以实现运维的经济性。

（六）实时性

实时性原则要求系统能够提供持续不断、稳定可靠的服务，确保图书馆能够实现全天候无间断的运作。

（七）完整性

完整性原则强调智能化系统应作为一个有机整体，设备和功能需完备，各部分协调工作，实现简洁高效的系统集成。

（八）可扩展性

可扩展性原则是指系统应具备灵活适应技术进步和图书馆业务发展的能

力，易于扩展和升级。

（九）易维护性

易维护性原则要求系统的维护操作简便、界面友好，且维护工作量小，以降低维护成本和提高工作效率。

第二章 高校图书馆文献信息资源建设与评价

第一节 高校图书馆文献信息资源的建设流程

一、高校图书馆文献信息资源的选择和采购

在高等教育机构的图书馆中，精确挑选并获取与图书馆发展方向相符的文献资源是一个关键步骤。这一过程要求采访人员深入理解图书馆的需求和发展目标，以确保所选文献的适用性和价值最大化，同时避免资源的冗余和采购成本的无谓增加。为了高效且精确地执行这一任务，采访人员需遵循一定的操作流程。这不仅涉及对图书馆用户需求的细致分析，也包括对现有文献资源状况的全面评估，确保每一项采购决策都建立在充分的信息基础之上，从而提升文献资源建设的针对性和有效性。

具体来说，在对高校图书馆文献信息资源进行选择和采购时，需要按以下步骤进行。

（一）需求信息调研

1. 本馆性质及任务调研

对于高等教育机构图书馆的工作人员来说，在启动文献资源的选购流程之初，深入了解图书馆自身的运营宗旨、特征及其承担的具体任务是首要步骤。这一过程涉及对图书馆在学校整体教育活动中角色的精确把握，包括其

服务目标、特色服务项目，以及在学术研究和教学支持方面的职责定位。此外，采访人员还需要紧密跟踪学校的教育和学科发展趋势，如新专业的开设、现有专业的调整，以及各学科在校内外的重要性变化等，这些都将直接影响图书馆文献资源配置的方向和重点。与此同时，采访人员还必须考量图书馆的实际运营条件，如经费状况、服务人群规模及其需求等，确保文献资源采购计划与图书馆的发展策略和财务能力相匹配。通过这样全面而深入的前期调研，可以为图书馆文献资源的精准选购奠定坚实基础，既满足学校教育和研究的需求，又确保图书馆资源利用的最大化和经济效益的最优化，从而有效支撑图书馆的长期发展和服务质量提升。

2. 用户需求调研

为了确保高校图书馆的文献资源建设既满足用户需求又提升用户满意度，图书馆必须采取多元化的方法深入了解和掌握用户的具体需求，包括从多个渠道收集用户反馈，精细化管理文献资源，并针对性地引进用户所需的文献信息资源。第一，图书馆的文献采购人员应通过与用户服务部门的协作，利用读者意见反馈栏等方式，系统地收集和分析读者对于图书馆现有文献资源的使用情况和需求。第二，图书馆应定期举办各类读者交流和座谈活动，如专门针对不同用户群体（如本科生、研究生、教师、学科专家等）的座谈会，以便直接从用户那里获得对图书馆文献资源建设的反馈和需求信息。这些活动不仅有助于图书馆更准确地了解到用户的具体需求，还促进了图书馆与用户之间的沟通和理解。第三，图书馆应主动出击，通过定期对教师和学生进行访问，组织深入学校的意见收集活动，面对面地交流，从而获得一手的文献资源需求信息。同时，邀请相关领域的专家学者推荐值得采购的文献资源，也是一个有效的途径。第四，发放调查问卷也是一个重要的手段，通过设计包含用户基本信息、常用文献类型、对图书馆采购建议等内容的调查问卷，图书馆可以更系统地了解到用户的详细需求和期望。第五，利用数字技术优势，高校图书馆应建立和完善线上平台，不仅展示图书馆现有的文献资源，还应设置用户推荐采购文献的功能，这样不仅能有效利用网络的广泛

性和便捷性收集用户意见，也使得文献资源建设更加透明化和民主化。

3. 馆藏信息调研

在高等教育机构图书馆中，对现有馆藏资源的深入了解和分析是文献采购与管理工作的基础。这一过程要求图书馆工作人员全面掌握图书馆的馆藏状况，从而为满足学术研究和教学需求提供坚实的资源支持。首先，图书馆需要对自身的馆藏文献，包括图书和期刊的收藏重点、特色，以及种类和数量等基本信息进行全面的梳理和分析，这有助于明确图书馆在资源收集上的现状和方向，识别出收藏体系中的强项和短板。接着，对馆藏文献的使用情况进行详尽的统计和分析至关重要。通过评估不同学科领域文献的借阅和引用频次，图书馆可以有效地判断各类文献的实际使用率和价值，这些数据将直接指导未来的文献采购决策，确保资源投入的精准性和有效性。此外，定期进行的利用率分析还能帮助图书馆及时调整馆藏结构，优化资源配置。最后，对馆藏资源进行深度的分类、比较和总结分析，是确保图书馆服务质量的关键一步。图书馆需评估现有馆藏是否全面覆盖了学校各学科和专业的需求，特别是对于学校的重点学科是否有足够的、高质量的文献支撑。同时，还需关注馆藏资源在学科分布上是否存在不均衡现象，以及是否有足够的可替代资源来丰富馆藏体系。通过这一系列综合性的调研工作，图书馆不仅能够深化对自身资源结构的认识，还能为学校的教学和科研提供更为精准和高效的支持，进一步提升图书馆的服务能力和学术价值。

4. 本地区其他图书馆文献信息资源状况调研

在高校图书馆的资源建设过程中，由于经费和空间的限制，实现馆藏的全面覆盖是一项挑战。因此，采取有效策略进行资源补充显得尤为重要，其中与本地区其他图书馆进行资源共享成为了一种高效的解决方案。为了最大化资源共享的效益，高校图书馆的工作人员需要深入了解周边图书馆的资源状况，包括它们的馆藏结构、特色、规模，以及收藏的重点领域。这种调研不仅有助于揭示区域内图书馆资源的分布格局，还能够识别各自的强项和空缺，从而指导本馆在资源收集和管理上作出更为明智的决策。

5．出版信息调研

在高校图书馆进行中文报刊和期刊的选购过程中，订购信息的收集是一个关键步骤。每年秋季，高校图书馆通常将邮局发布的下一年度《报刊简明目录》，以及各大发行商提供的征订目录、订单或样刊作为重要的参考资料。此外，《中文核心期刊要目总览》《中国报刊大全》《中国期刊年鉴》《中国期刊名录》《中文期刊大词典》等工具书，以及中文社会科学引文索引、中国科学引文数据库等数据库也是图书馆选择期刊的重要依据。为了丰富馆藏，图书馆还会参考由中国图书进出口公司、中国教育图书进出口公司和世界图书出版公司等代理商提供的《外国报刊目录》，以及引进版权报刊目录，这些目录一般在每年夏季到达图书馆。近些年，随着数字化进程的加快，上述发行商和代理商建立的网站成为了获取期刊征订信息的新渠道，使得图书馆能够更便捷、及时地了解到最新的出版信息，为图书馆的期刊订购提供了极大的便利和支持。

随着互联网技术的快速发展，图书馆在采购新书和期刊方面的信息获取方式正在发生显著变化。为了提升服务效率和到货率，许多发行商开始主动获取各出版社的最新出版信息，并制作成个性化的新书机读目录供图书馆批量查重和选择使用。同时，出版社也越来越多地利用自己的官方网站、电子邮件、即时通信工具等方式，快速发布新书信息，并提供机读目录下载服务，极大提高了图书馆采访部门获取准确、及时出版信息的能力。在这一背景下，很多高校图书馆开始通过中国图书进出口公司、中国教育图书进出口公司和中国国际图书贸易总公司等官方网站获取外文原版图书的出版和发行信息。考虑到外文图书的高昂成本，这些图书馆通常根据校内用户的推荐进行图书选择。针对高校图书馆的特定需求，中国图书进出口公司开发的"海外图书采选系统"（PSOP）不仅提供了即时的出版信息，还革新了图书馆外文图书采购的传统工作模式。通过利用先进的信息技术和网络资源，该系统为图书馆采访人员搭建了一个与图书馆发展需求相适应的个性化工作平台，从而有效优化了图书馆的采购流程，提升了图书馆服务的专业性和效率。

对于声像和电子资源的采集，高校图书馆通常依赖于媒体发布和出版商的宣传活动来获取相关信息。在选择这类资源时，图书馆主要考虑其内容的质量和社会影响力，例如，许多图书馆会采购《百家讲坛》和《世纪大讲堂》等知名系列的光盘。此外，高校图书馆还会根据学校特色和需求，通过集团采购的方式，引入符合本校特点的关键性数据库资源。

为了确保图书馆能够全面、准确地获取出版信息，建立有效的图书和期刊信息流通机制至关重要。第一，图书馆需与出版发行部门或商家建立基于信息共享的伙伴关系，以确保所获得的出版信息的完整性和可靠性，并保证信息传递的流畅和及时。第二，图书馆应充分利用信息技术和多种媒介资源，包括网络、广播和电视等，来收集图书和期刊的供应信息，从而全面掌握出版动态。第三，加强与其他院校图书馆的沟通与合作，通过信息交换和资源共享，共同提高信息获取的效率和覆盖范围。第四，完善图书馆内部的需求信息流通机制，加强采购人员与用户间的沟通，鼓励读者提供推荐，确保图书馆能及时响应并满足用户的需求。

（二）采访原则

在高等教育环境中，图书馆的文献采购工作承担着支持教学和科研的关键角色，要求图书馆密切关注学校的学科发展和科研方向，以及图书馆自身的长期规划。制定合理的采访原则，既是优化文献资源配置的前提，也是提高服务质量的基石。因此，在高校图书馆文献采访工作中，需要坚持以下几个原则（见图2-1）。

1. 实用性原则

在高校图书馆的文献采购策略中，实用性原则占据了核心地位。这要求图书馆在采购文献时高度关注学科发展需求和教研方向，确保所选文献紧密贴合学校的教学和科研活动。目标是通过精心挑选的文献资源，不仅满足学生的学习需求，促进其学术成长，同时也支持教师的教学和研究工作，从而整体提升学校的教育质量。为此，图书馆需细致规划采购计划，优先考虑那

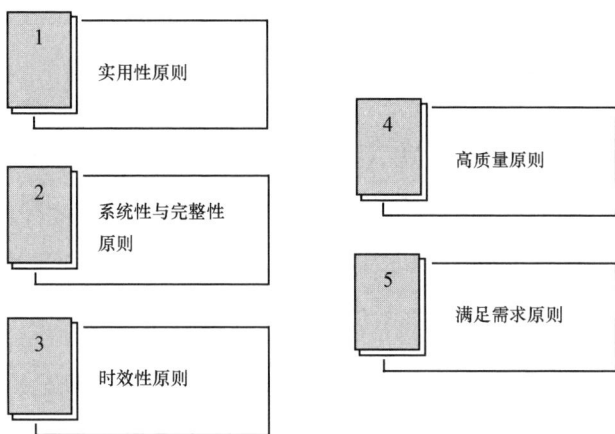

图 2-1 高校图书馆文献采访工作中应遵循的原则

些对学校特定学科和重点专业有实质性支持的资源，对过时或不再适用的资料则进行筛选和淘汰，以免资源浪费。此外，对于原版外文书籍的采购，采取"一对一"原则，即针对特定的教研项目或专业需求定制采购，确保每本引进的书籍都能发挥其最大的学术和教育价值。通过这种方法，图书馆能够有效地提高馆藏资源的利用率和影响力，同时避免不必要的资源累积和空间占用。

2. 系统性与完整性原则

在高校图书馆的文献资源建设中，系统性与完整性原则是确保馆藏质量的基石。这意味着在采购过程中，每项资源的选择都不应孤立进行，而是需要确保各类书籍、期刊等资料在内容上相互补充，形成有机的整体，满足学科体系的广泛需求并支持学术研究的深度探索。此外，图书馆需维持馆藏资源的完整性，谨慎规划每一次采购，确保重要文献资料的全面收录，避免出现缺漏，确保学校师生能够获得所需的信息和知识。为了实现这一目标，图书馆必须坚持长期性和及时性的原则，通过科学规划和细致管理，避免无序采购和随意性购买，防止资源的断裂和浪费。这不仅要求图书馆有明确的采购计划和清晰的资源建设目标，还需要图书馆密切关注学科发展动态，及时更新和完善馆藏资源，以适应教学和科研的不断进步。

3. 时效性原则

时效性原则在高校图书馆的文献采访工作中具有重要意义。这一原则要求采访人员不仅要及时获取最新的书刊文献，还要根据学术标准和专业需求，确保所采购的文献具有学术价值并满足读者的需求。为了实现这一目标，采访人员需要采用多种渠道获取最新的书刊信息，及时更新馆藏，同时对时效性较强的文献，如年鉴、考试资料等，要尽快采购最新版本并淘汰过时的旧版，同时借助电子文献替代传统纸质文献，以节省经费和空间资源。另一方面，对于学术价值高，但时效性较差的文献，也应该尽力收集齐全，以满足读者在学术研究和学科建设方面的需求。通过严格遵守时效性原则，高校图书馆能够保持馆藏的及时更新与完善，为师生提供及时、有效的学术支持。

4. 高质量原则

随着出版发行量的急剧增加，文献的内容价值、印刷质量及服务水平参差不齐。因此，在采访过程中，不仅要关注出版单位、作者、编辑等信息，还应选择具备良好信誉、高效率的书商，考量书商的规模、信誉度、交货率、交货时间、服务质量、组织图书的能力等。目前，高校图书馆与合作书商的选择通常通过招标方式确定，而图书的选择则以知名出版社和特色出版社为主要依据。同时，对于作者和编辑，也会优先考虑相关学科的专家学者。通过坚持高质量原则，高校图书馆能够确保采集到的文献质量优良、内容丰富，为师生提供高水准的学术支持和服务。

5. 满足需求原则

满足读者需求是高校图书馆采访工作的核心原则。在购买文献时，必须针对不同的读者群体，采购各种不同类型的图书、期刊、电子资源等，以满足其多样化的需求。不能采取一刀切的方式，而是需要根据不同读者的需求特点，精准选购，确保所采购的文献能够真正地服务于广大读者群体，提升图书馆的阅读体验和服务水平。

（三）采购的主要方式

随着科技和网络的飞速发展,高校图书馆采购书刊的方式也日益多样化。从过去的单一预订、邮购发展到了如今的订购、现场采购、网上采购等多种渠道,这些采购方式的建立,使得图书馆能够更加顺畅、快捷地满足用户的需求。目前,高校图书馆主要采用预订、现场采购、网上采购、集团采购、接收捐赠、交换和呈缴等多种方式进行图书文献的采购工作。

1. 预订

高校图书馆采购图书的首选方式之一是预订。预订是根据出版社、书商等发布的图书征订目录,有针对性地选择符合图书馆需求的图书资料进行有序订购的过程。这一方式具有便捷性,使图书馆能够以较大规模获取所需图书,然而,由于实物与图片存在差距,可能导致图书馆无法全面了解图书的质量。此外,预订方式所需的订购周期较长,图书到馆的时间也相对滞后。

2. 现采

图书馆近年来普遍采用现场采购作为图书采购的重要方式之一。这种方式指的是图书馆根据馆藏需求,选择信誉良好的图书经营商,派遣采购人员前往全国性书市、大型书店、出版社样本间、图书经营商的仓库等地,通过笔记本电脑或现场采集器进行现场采购。现场采购具有直观性和及时性的优势,采购人员能够直接评估图书质量,并根据实际情况决定是否购入,弥补了预订方式的不足。尤其是国内各大出版社对馆配业务的重视和样本间建设的完善,使图书馆采购员在出版社样本间采集样书信息时获益颇丰。虽然现场采购存在对现货的依赖性较大和较高的差旅费支出等问题,但许多高校图书馆仍在逐步加大现场采购的力度。然而,需要注意的是,高校图书馆应该有选择地参加有特色或对口的现场采购活动,并将现场采购与预订相结合,以相互补充,实现更加高效的图书采购管理。

3. 网购

随着网络的不断普及和发展,网购图书已成为各高校图书馆补充藏书的

重要途径之一。通过网络书店进行图书选购、数据传输、订单交付和付款，图书采访人员能够简便地完成采购流程，大大提高了采购效率。对于急需文献信息资源的情况，采购人员可以在京东、当当等网上书店购买，通常能在第二天就收到所需图书，具有较高的速度和时效性。此外，对于外文原版图书的购买，亚马逊等国际网上书店是一个理想的选择，因为它们往往提供更具竞争力的价格和更快的交付速度。因此，网购图书不仅简便快捷，而且在获取文献资源方面具有更大的灵活性和选择性，为高校图书馆的文献采购工作带来了更多便利和机遇。

4. 函购

函购是一种通过书面信函的方式购买书刊的方法，对于一些作者自费出版或非主流出版社出版的内部资料，如会议文集等，可以采用函购的方式进行购买。尽管函购能够在某些特定情况下对采购工作起到一定的辅助作用，但并不适宜大规模采用，因为它相对于其他采购方式而言效率较低，且在处理大量采购需求时不太实用。

5. 受赠

高校图书馆在图书采购中受赠方面起到了至关重要的作用。这种方式包括国内外友好单位或个人无偿赠送的图书。尤其对于昂贵的外文原版图书，由于其价格较高，对于许多高校图书馆而言，收藏外文图书始终是一个难题。这种情况下，图书馆积极寻找解决方案，以确保外文读者有足够的阅读材料。目前，许多高校图书馆通过设立"美国亚洲基金会""美国亚洲之桥基金会"等原版图书赠送点，在上海外国语大学、上海同济大学、中国海洋大学、大连理工大学等地获取外文图书。此外，还有一些高校图书馆直接接受国外校友或友人的捐赠，以丰富馆藏资源，满足读者需求。这些受赠的图书对于图书馆来说，不仅是一种无私的支持和帮助，也是馆藏资源的重要补充，有助于提升图书馆的服务水平和读者满意度。

6. 集团购买

高校图书馆采购电子资源、网络资源，尤其是外文数据库，主要采用集体购买的方式。这种方式的核心是通过高校图书馆加入某一组织，如中国高等教育文献信息资源保障中心（简称 CALIS 中心）或各省高校图书馆工作委员会等，与经销商进行谈判，以集体的方式购买使用权。通过集体购买，高校图书馆能够以相对较低的价格获取到高价值的资源，从而节约经费。CALIS文理中心，以及 CALIS 区域中心经常组织全国高校图书馆购买大型外文数据库，而各省市（数字）图书馆工作委员会也定期组织本省市高校图书馆购买中文数据库。此外，一些地区的高校也会自行组织进行地区性的集团购买。这种集团购买的方式不仅提高了资源的获取效率，还促进了资源的共享和利用，有助于满足高校图书馆用户的学术和研究需求。

7. 交换

文献的交换是图书馆与出版单位之间，以及图书馆之间进行的重要活动。通过交换，图书馆可以获取到一些内部资料和珍贵的书刊资源，这有助于丰富馆藏、促进学术交流。尤其是在获取期刊资源方面，交换是各高校图书馆主要的获取途径之一。馆际交换、图书馆与出版单位之间的交换都是常见的形式，通过这些方式，图书馆可以获取到其他单位所拥有的资源，以供读者使用和研究。

8. 呈缴

呈缴制度旨在保障国家出版物收藏的完整性，以及保存科学文化遗产。根据规定，每当出版单位发行新的图书或其他出版物时，必须向指定的图书馆无偿提供一定数量的样本。这一规定通常以法律或法规的形式确立，要求所有出版单位自觉遵守。高校图书馆一般要求本校出版社所出版的图书、教职工的专著和教材，以及研究生、博士生的学位论文都应呈缴一定数量的样本。随着电子技术和网络的不断发展，许多高校图书馆也开始要求出版者提供电子文档，以适应数字化信息的存储和管理需求。

二、高校图书馆文献信息资源的复选与剔除

在高校图书馆的文献信息资源管理中，复选与剔除是至关重要的环节。

任何图书馆在建设时都会面临着藏书容量的限制，这可能是因为不合理的考量或设计所致。无论何种情况，一旦图书馆的书库过度饱和，就会影响到文献信息资源的有效利用。因此，对于图书馆内部工作的系统管理是必不可少的，只有这样才能确保图书馆文献建设工程的健康发展。高校图书馆的文献信息资源需要不断更新，因为藏书资源是动态变化的。随着时间的推移和社会知识的不断更新，一些书刊可能出现观点陈旧、内容过时、失去现实意义的情况。此外，随着读者对象和任务的变化，一些书刊可能也不再符合当前读者的需求。有时，采购工作中存在选书人员对读者需求不了解或只凭订单选书的情况，这也可能导致藏书的不适用或重复过多。因此，高校图书馆需要不断进行文献资源的复选工作，及时剔除那些不再需要的文献。这样做可以保持藏书的新鲜度和实用性，确保读者能够获得高质量、符合实际需求的文献资源。同时，也需要加强对采购工作的监督和管理，确保选购的文献资源能够真正满足读者的需求，避免资源的浪费和冗余。

（一）复选的定义理解

复选是指对图书馆的文献信息资源进行两次甚至多次筛选的过程。由于图书馆空间有限，过多、杂乱无章的文献资源会给读者使用带来困扰，因此，需要控制文献资源的数量，实现图书馆空间的高效利用，这就需要进行复选。复选包括将初选时不合格、不适应的文献排除，将剩余的文献纳入馆藏。此外，图书馆还需要对已在馆藏中的文献信息资源进行复选，剔除过时、不符合读者需求的资源。文献的复选是一个复杂但不可或缺的环节。通过复选，可以推动文献信息建设进程，提升图书馆馆藏质量，促进馆藏体系的完善发展。复选的过程涉及多个方面，包括对文献的内容、适用性、时效性等进行全面考量，以确保馆藏资源的质量和实用性。通过不断完善复选机制，图书馆可以更好地满足读者的需求，提高文献信息资源的利用率和效益。

（二）复选的目的与意义

文献老化是图书馆进行藏书复选的重要依据。随着时间的推移，文献价值会逐渐变化，尤其在知识、技术和工艺不断更新的今天，文献的更新换代速度更快。许多过时的、理论被推翻的文献滞留在图书馆里，占据空间并降低馆藏的质量，不利于读者的查询和阅读。藏书复选是根据藏书量增长和文献老化规律进行的，不仅要保证馆藏的更新，还要维持一定的平衡状态。这意味着在保持新图书入馆的同时，也要及时剔除失去参考价值的资源。这样做能够确保图书馆的文献信息资源与时俱进，保持参考意义，不易过时，从而推动文献信息资源的建设。图书馆开展藏书复选工作具有多方面的意义。首先，它有助于优化馆藏结构，提升馆藏质量和使用效率；其次，它能够保持馆藏的活力和时效性，满足读者不断变化的需求；最后，它还有利于节约馆藏空间和资源，提高馆藏的管理效率和服务水平。因此，藏书复选是图书馆管理中不可或缺的重要环节，对于馆藏的发展和建设具有重要意义。

具体来说，图书馆开展藏书复选工作具有以下五方面的意义。

第一，保持文献信息资源的新颖性。复选工作保证了图书馆馆藏的更新和活力，通过筛选引进新的、有实际应用价值的文献信息资源，同时淘汰那些过时的资料，确保图书馆资源的新颖性和实用性。这不仅吸引了更多的读者，也让图书馆成为一个持续提供最新知识的场所。

第二，消除涨库现象。随着图书馆藏书数量的增加，如果不定期剔除不再需要的书籍，就会出现存储空间不足的问题。这种所谓的"涨库"现象，即图书馆的存储空间达到饱和状态，不仅使得新购入的书籍难以找到适当的存放位置，还会导致图书馆环境的拥挤不堪，影响图书馆的正常运作和用户的使用体验。因此，通过复选剔除过时或少用的书籍，可以有效避免这一问题，保持图书馆藏书的适度增长和空间的合理利用。

第三，优化馆内信息资源结构，提高文献利用率。复选工作对于优化图书馆的信息资源结构，提升文献资源利用率具有重要作用。高校图书馆服务的

主要对象是学生、教师和研究人员，这些用户的信息需求是多变和具体的。随着学科发展和研究方向的变化，部分旧的文献资源可能不再被需要。通过有针对性的复选，图书馆能够不断调整和优化其资源结构，更好地适应教学和科研的发展，提高资源的使用效率。

第四，减少浪费。从经济和资源利用的角度看，及时剔除不再需要的书籍可以减少资源的浪费。每一册书籍或电子资源的采购和维护都需要消耗一定的人力、物力和财力。通过复选工作，可以将有限的资源更多地投入到那些更受欢迎、更有价值的文献资源上，从而提高图书馆资源配置的经济效益。

第五，复选工作还有助于调节和控制图书馆的业务流程，使得馆藏布局和结构更加合理、系统化和完善。通过对馆藏的持续评估和复选，图书馆可以识别出藏书中存在的问题，如选择错误、分类不当、信息录入错误等，并采取相应措施进行纠正，提升图书馆整体的运营质量和服务水平。

（三）复选的基本原则

图书馆的藏书复选是图书馆管理中一项至关重要而复杂的任务，要求图书馆工作人员具备深入的理论知识和实践经验。它需要基于图书馆的具体情况，包括文献资源的收集、积累和使用情况，制定出符合自身实际的复选计划。藏书复选不仅是一个理论和实践相结合、操作性和经验性并重的过程，还需遵循特定的原则，如优先处理近期内的文献、从多余的副本开始、注重关键领域的资源，以及从具体问题扩展到整体资源的优化。这一过程应综合考虑图书馆藏书的目标性、完整性、系统性、前瞻性，以及未来的发展方向，以确保藏书复选工作的有效性和针对性。高等教育机构的图书馆在进行复选时，必须紧密遵守这些原则，以保障馆藏的质量和服务的优化。

高校图书馆的藏书复选工作，应当遵循以下原则（见图2-2）。

1. 从本校实际出发的原则	2. 制订全面的复选计划和切实可行的复选方案
3. 应对被剔除文献进行妥善处理	4. 保守性原则

图 2-2　高校图书馆的藏书复选工作应遵循的原则

1. 从本校实际出发的原则

复选活动需基于学校的具体实际，如教学科研的方向、发展目标及学校社区的特定需求，进行仔细评估和审慎决策。这意味着在进行复选前，图书馆需全面理解和分析本校的特点和需求，保证复选活动能够支持学校的长期发展和学术目标。

2. 制订全面的复选计划和切实可行的复选方案

成立专门负责复选的组织结构，选拔和培训专业的复选人员，并依据图书馆与学校的总体发展战略，制定出全面而切实可行的复选方案。此外，图书馆应主动寻求并倾听专家意见，不断优化复选计划，并以开放的态度采纳新的复选方法和技术，以提升工作的科学性和效率。同时，复选应被视为一个持续的过程，与图书馆的整体发展策略保持同步，避免任何断断续续或短期内完成的做法。

3. 应对被剔除文献进行妥善处理

图书馆需对这些文献进行细致分类，根据它们的状况和价值，决定是否转移到储备库、捐赠给其他机构或是销毁。在处理这些文献时，必须遵循法律规定，确保所有操作都在法律允许的范围内进行。

4. 保守性原则

复选并非意味着无差别地剔除馆藏，而是需要对每件文献的价值和潜在用途进行细致评估。特别是对于珍贵的特藏、善本书籍或因馆际合作获得的

特殊文献，通常应予以保留。同样，那些对学科发展有长期贡献潜力的资料或具有重要保存价值的文献也应被细心保存。

（四）复选的不同标准

高校图书馆在进行藏书的复选时面临的是一个挑战：如何在众多不同类型的文献中做出精准的调整、淘汰或补充。每所高校因其历史背景、教育水平和特色不同，图书馆服务的读者群体、馆藏现状及特色也呈现多样性。这种差异导致了对于文献价值判断和需求理解上的不一致，从而使得制定一个普遍适用、全面合理的复选标准变得复杂。因此，在实施馆藏复选时，图书馆必须考虑这些差异，依据文献的类别和复选的具体目标来定制化地选择适宜的标准。这意味着复选过程需灵活多变，既要考虑到图书馆自身的服务需求，也要兼顾到所服务对象的具体需求，以实现馆藏资源的最优配置和利用。

1. 一般标准

（1）以藏书内容为标准

在高校图书馆进行馆藏资源的复选过程中，书籍内容是一个核心的考量标准。主要目标是识别和淘汰那些因内容过时、重复、存在错误或写作质量不佳而不适合长期保存的书籍。特别是那些内容更新迅速或时效性要求较高领域的图书，如一些仅供娱乐阅读的书籍、旧版的教育考试资料、具有强烈时效性的科学技术书籍等，这些都应当根据实际情况进行审慎的更新或替换。此外，对于图书馆系统中未能及时识别的重复藏书，也应该在复选时予以注意并进行适当处理。通过这样的复选标准，可以确保图书馆的藏书既能够反映最新的知识进展，又能维持高效的信息服务质量。

（2）以藏书外形为标准

在高校图书馆对藏书进行复选时，书籍的外观状况是一个不可忽视的评估标准。图书如果因长期使用而出现严重的外表损伤，如封面破裂、缺页或沾污，以及印刷模糊到影响阅读质量的程度，这些情况通常指示着图书已经失去了其应有的收藏和使用价值，应予以淘汰。然而，在执行剔除决策前，仍需谨慎考虑图书的特殊价值，例如，是否属于珍贵的善本或有特殊意义的版本。对于这类特殊情况，可能需要寻求修复或是在剔除前寻找到相应的替代版本以补充图书馆的馆藏，确保文献资源的完整性和多样性得到妥善的维护。

（3）以文献出版的时间为标准

在高等教育机构图书馆的馆藏复选中，考虑文献的出版年份是一个重要的维度。这是基于一个基本假设：文献的时效性与其出版时间成反比，尤其在科技领域，信息的迅速更新导致某些文献很快变得过时。然而，这一原则并不是一成不变的，因为某些领域如哲学、社会科学等，其基础理论作品的价值和相关性可能随时间增长而不是减少。因此，图书馆在进行复选时，需要对不同学科的文献根据其内容的时效性和领域特性进行区别对待。例如，科技和医学领域的书籍，其更新周期短，可能需要更频繁地复选和更新；而对于文学作品、历史书籍或某些经典理论著作，则需要谨慎考量，因为这些作品的价值往往与其历史悠久度成正比。此外，对于那些成本较高的特殊类型文献，如艺术图集和乐谱，无论其出版年份如何，都应考虑予以保留，因其不仅具有阅读价值，还有可能具有艺术和收藏价值。因此，图书馆应制定细致的复选标准，以确保既能剔除过时无用的文献，又能保存具有长期价值和使用需求的资源。

（4）以藏书利用情况为标准

在图书馆的馆藏管理中，书籍的使用情况是评估其是否应当被剔除的一个重要指标。毕竟，图书馆的主要职能是为读者提供必要的阅读和研究材料。因此，对于那些长期被忽视、借阅频率极低或者重复馆藏过多而导致利用率不高的图书，应当考虑从馆藏中移除。为了有效地进行这一过程，复选工作人员需要对图书的实际使用状况有一个准确的了解和判断。利用现代图书馆的管理信息系统，复选团队可以详细查询每本书的借阅历史，分析其受欢迎程度和阅读趋势。这种数据驱动的方法不仅可以识别那些长时间未被借阅的图书，还可以帮助识别那些即使已经过时但仍被频繁查阅的资源，为是否剔除做出更合理的决定。此外，系统中的出版时间查询功能也能帮助复选团队

迅速识别出版年份较早且已不再适用的文献，尤其是在科技快速发展的领域中。同时，对于那些已经有了更新版本的图书，应及时进行更新换代，确保图书馆提供的信息是最新的。此外，进行馆藏复选时还需要考虑图书的特殊性和潜在价值，避免一概而论地将借阅率低的书籍全部剔除。一些具有特殊历史、艺术价值或对特定研究领域有重要贡献的图书，即使借阅率不高，也应予以保留。通过这种细致入微、因地制宜的方法，图书馆能够更有效地管理其资源，既满足读者的需求，又保持馆藏的高效利用和更新。

2. 各类型文献复选标准

（1）图书的复选标准

馆藏复选是图书馆维护和更新资源的关键环节，尤其对于图书这一主要的文献信息资源。图书馆面临的挑战是如何在庞大的图书量中有效地进行复选，既要剔除不必要的复本，也要确保流通高、需求大的图书得到适当补充，同时淘汰那些已不再适合馆藏要求的过时或破损图书。为了提升复选工作的效率和效果，制定一系列明确的复选标准至关重要。首先，复选工作应考虑图书馆实际的存储空间，优化馆藏布局。根据图书的出版日期和借阅数据，有针对性地调整馆藏，使之既能满足读者需求，又能合理利用空间。此外，对于借阅需求高的专业图书，应通过图书馆的采购系统及时增补复本或引进电子版，以缓解高预约率所带来的压力。同时，对于那些质量不佳的赠书、过剩的复本，应当剔除以避免资源浪费。对内容存在严重错误或不适宜公开阅读的图书，也应从馆藏中移除或单独存放。此外，对于那些损坏严重、污损遮挡内容，以及借阅率极低或实用价值不高的图书，应予以淘汰，以保证馆藏资源的质量和实用性。这一复选标准的制定和执行，不仅需要综合考虑图书的物理状态和读者的使用习惯，还需要不断地更新和调整，以适应图书馆服务需求的变化。通过这种有计划、有目标的复选策略，图书馆能够更有效地管理其资源，满足读者需求，同时也为图书馆未来的发展留出空间。

（2）期刊的复选标准

在高等教育机构图书馆中，期刊复选是馆藏管理的一个重要方面，旨在确保馆藏资源既丰富又高效。对期刊的复选标准应细致入微，以适应多变的学术需求和阅读习惯。第一，那些内容过时、不符合当前读者需求或含有错误信息的期刊应被优先考虑剔除。这特别适用于那些内容时效性强或主要为休闲阅读设计的期刊，如一些计算机科学和新闻报道类的期刊。同时，如果馆内有通过交换或赠送得到的期刊，但它们并没有实际的收藏或阅读价值，这部分期刊也应考虑剔除。第二，期刊的完整性是评估其保留价值的一个关键因素。如果某些期刊系列因为缺失严重而导致连续性差，这不仅影响阅读体验，也减少了其作为研究资料的价值，因此应予以淘汰。在全开放式的图书馆环境中，保障期刊的完整性尤为重要，因为任何缺失都可能对整个系列的连续性造成影响。第三，借阅率极低的期刊也是复选的重点对象。借阅率低表示这些期刊可能已不再满足大多数读者的需求，因此，剔除这部分资源有助于图书馆更有效地利用有限的空间和资源。第四，随着电子资源的普及，高校图书馆的期刊收藏往往包括印刷和电子两种形式。虽然印刷期刊依然拥有其特定的读者群体，为了平衡资源的有效利用和满足不同读者的需求，对于借阅频率低的印刷期刊，可考虑剔除部分复本，同时保留必要的种类以供少数需求。

（3）电子文献和特种文献资料的复选标准

在高校图书馆中，对电子文献和特种文献资料的复选标准应细致且具有前瞻性，以适应数字化时代的需求。第一，对于那些内容已经过时、不再符合图书馆馆藏政策或不满足读者需求的电子文献应考虑进行淘汰。这与传统图书和期刊的复选原则相似，旨在确保馆藏内容的时效性和相关性。第二，技术故障或物理损坏导致无法通过阅读设备访问的电子文献也应纳入剔除范畴，如质量问题或数据损坏严重的缩微胶片等。对于这类资料，可以探索将其转换为电子格式，实现内容的更新换代和保存。第三，对于重复性高、使用率低或占用大量存储空间但价值不大的电子资源也应进行精简。这不仅能够优化资源配置，还能释放存储空间，为更有价值的资料腾出位置。在这一过程中，也要考虑是否存在替代资源，确保重要信息和资料的可访问性不受影响。特种文献资料，因其独特性，复选时需更加谨慎，应对其内容的独特

价值、时效性进行综合评估，判断其长期保存的必要性。这要求复选人员不仅要有丰富的专业知识，还需要对文献的历史和文化价值有深入的理解。

（五）复选的主要方法

为了执行有效的馆藏复选活动，图书馆必须根据既定的标准，通过多种策略筛选出符合读者期望与需求的文献资源，同时识别并淘汰那些不再适用或不受欢迎的资料，进而实现馆藏的优化和更新。复选方法主要有以下八种（见图 2-3）。

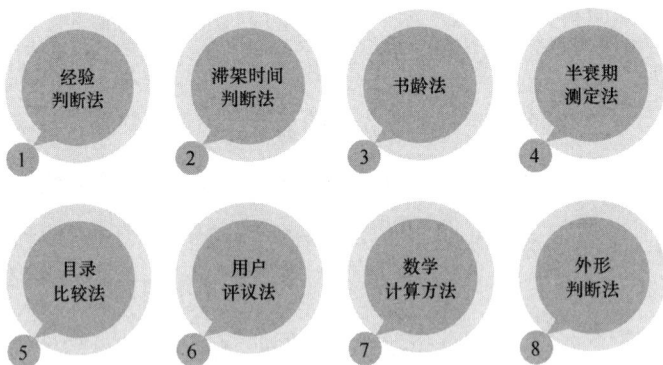

图 2-3　复选的主要方法

1. 经验判断法

在图书馆的馆藏文献信息资源复选过程中，经验判断法被认为是一种效率较高的方法。在复选活动展开之前，图书馆通常会依据自身的特点和发展目标，制定一系列具体的复选标准和规则，以指导复选团队按照既定流程高效进行工作。复选团队成员将依靠自己的专业知识和经验，对文献资料的外观质量、使用频次及其参考价值等方面进行综合分析和评估，以作出是否剔除的决定。此方法要求复选人员具备敏锐的观察力和高度的专业判断力，以确保不遗漏重要资料。然而，由于图书馆收藏的广泛性和内容的多样性，仅凭个人经验和主观判断进行复选可能存在一定的局限性和偏差。因此，对于通过经验判断法初步确定的复选对象，还需要通过查阅其借阅记录等客观数据来验证读者的实际需求和利用情况。在必要情况下，还应积极征求读者的反馈和建议，以确保复选决策的准确性和公正性。

2. 滞架时间判断法

使用滞架时间作为复选标准是图书馆馆藏管理中一种有效的方法。这种方法基于一个简单的前提：图书的价值在于其被阅读和利用。如果某本书长时间未被借阅，即表明它可能不再符合读者的需求或兴趣，从而成为剔除的候选对象。进行这一判断时，复选团队需要对图书的借阅历史进行全面审视，这通常通过图书馆管理软件来完成，以确保决策的准确性。

3. 书龄法

书龄法作为文献复选的一种策略，依赖于文献的出版年份来评估其当前的使用价值。在实施这种方法前，图书馆需要明确设定以何种时间节点为准：是放置书架的日期、出版的日期还是印刷的日期，每种选择都有其特定的考虑和影响。确定了这一基准后，图书馆可以在既定的时间范围内检查文献的流通情况，从而判断其是否还满足读者的需求。然而，这一方法并不意味着所有历史悠久的书籍都应当被自动剔除。实际上，许多年代久远的书籍仍然保持着高借阅率，显示出它们独特的价值和吸引力。在复选过程中，对于那些年代久远但仍可能具有重要学术或历史价值的书籍，图书馆应考虑咨询相关领域的专家进行评估。通过专家的鉴定，可以确保那些确实缺乏当前使用价值的书籍被适当剔除，同时保留那些具有持久价值的珍贵藏品。

4. 半衰期测定法

文献半衰期测定法是在图书馆馆藏复选中评估文献当前有效性的一种科学方法，它基于各个学科文献信息资源的时效性来进行。这种方法通过计算一个学科中使用频率位于中位数的文献的出版年份，从而确定该学科文献的半衰期。例如，若某一学科的文献半衰期为五年，则意味着过去五年内出版的文献构成了该领域当前使用的主体。这不仅反映了该学科知识更新的速度，也有助于指导图书馆根据学科特点进行针对性的文献复选。半衰期的概念能够帮助图书馆更准确地识别哪些学科的文献信息资源快速老化，需要更频繁

地更新换代，哪些学科的文献具有较长的有效期限，可以较长时间保留。例如，在快速发展的领域如信息技术和生物医药，文献的半衰期相对较短，图书馆需定期更新这些领域的藏书；而在历史、哲学等学科，文献的半衰期可能较长，其文献资源可以保留更长时间。通过半衰期测定法，图书馆可以更科学地安排资源投入，优化藏书结构，确保图书馆的文献资源既能满足当前的学术研究和教学需要，又能有效地管理和利用有限的空间和资金。

5. 目录比较法

目录比较法是一种通过对比图书馆内同一学科或领域的文献目录来评估馆藏完整性和必要性的方法。通过这种方式，图书馆能够系统地检查某一学科领域内文献的覆盖范围和深度，识别出研究重复或缺失的部分。这个过程涉及对相同学科内文献信息资源的详细对比，以及对这些资源在当前学术研究中的重要性进行评估。通过目录比较，图书馆可以更有针对性地决策哪些文献应当被保留、哪些因重复过多或不再符合当前研究趋势而可以剔除。这种方法有助于图书馆优化资源配置，提高馆藏的研究价值和使用效率。

6. 用户评议法

引入用户评议法进行馆藏复选是一种以用户需求为中心的策略。通过直接征求读者的反馈，如进行个别访谈、问卷调查、小组座谈等方式，图书馆能够获得宝贵的第一手资料，了解读者对馆藏的实际使用情况和需求。这样不仅能增加图书馆服务的透明度，还能确保复选工作更贴近读者的需求，增强馆藏的实用性和时效性。用户评议法的应用使得复选过程更加民主化，提高了图书馆服务的个性化和满意度，同时也为图书馆提供了优化资源配置和服务的依据。

7. 数学计算方法

采用数学计算方法对图书馆的馆藏复选进行决策是一种基于数据分析的科学方法。通过应用统计学原理，对文献的引用次数、出版年限、复本数量、滞架时间、借阅频次等多个维度的数据进行详细统计和分析。运用特定的算法或公式对这些数据进行综合评估，可以客观地揭示每项文献的使用效率和价值。基于这些分析结果，图书馆可以做出更加精准的复选决策，有效地优化馆藏结构，确保资源的高效利用。

8. 外形判断法

采用外形判断法对图书馆文献进行复选涉及对文献物理状态的直观评估。通过检查文献的外观状况，如封面和页边的损坏程度、纸质是否变黄或变脆、是否存在印刷问题或缺页等，可以判断这些文献是否适宜继续保存。文献如果因为长期使用或不当保管而出现严重的物理损害，且无法通过修复恢复其使用功能，那么它们往往被视为已失去收藏和使用的价值，适合从馆藏中剔除。

（六）藏书剔除的步骤和程序

进行图书馆藏书剔除是一个详尽且系统的过程，需要遵循一系列明确的步骤与程序。

第一，图书馆需组建一个专业的文献复选团队，这个团队不仅需要深刻理解图书馆的使命和目标，还应专注于满足读者的信息需求。为此，团队成员应接受相关的培训，以确保复选活动既有序又高效。

第二，复选团队需对学校的具体情况以及读者的需求进行深入调研，考虑如学科发展趋势、读者利用文献的习惯等因素，从而制定出切实可行的复选方案。此外，密切关注科技和知识领域的发展也至关重要，以保证图书馆的藏书始终保持更新和相关性。

第三，在复选方案制定之后，团队将执行详细的数量统计工作，包括对特定学科的书籍、期刊和其他类型文献的全面统计分析，如文献种类、语种比例、连续出版物的收藏年限等，从而全面评估图书馆的藏书状态。

第四，基于数量统计的结果，复选小组会对图书馆的文献收藏水平进行评估，包括但不限于书目、核心期刊的调查，以及各数据库的覆盖和使用情况。特别是对于那些已有电子版的文献，可以考虑减少其纸质复本。

第五，团队将记录下拟剔除的文献列表，并明确剔除的原因。这个清单

将在复选小组内部进行讨论，通过广泛的交流和反馈，决定最终的剔除名单。

第六，确定最终的剔除名单后，相应的文献将被及时从书架上下架，并完成所有相关的手续，如在图书馆数据库中注销目录、办理出库手续等，同时保留好剔除书单，以便于后续的管理和统计。

第七，对于被剔除的书目，将根据其特点和状况制订合理的处理计划，包括回收、售卖、捐赠、交换等，确保这些资源得到妥善处置，既符合法律法规，又考虑到环保和社会责任。

通过这一系列细致周到的步骤，图书馆可以确保其藏书剔除工作既高效又符合图书馆服务目标，同时最大程度地满足读者的需求。

（七）藏书剔除应注意的问题

在执行图书馆馆藏剔除工作时，需谨慎考虑多个关键因素以确保过程的科学性和系统性。

第一，剔除过时文献的同时，应保持学科领域的内容完整性，避免出现任何学科资料的空缺。这意味着即便是剔除过时的资源，也需要保留那些具有历史意义或代表性的著作，以维持学科发展的连贯性和继承性。同时，图书馆应积极更新那些反映最新科研成果和知识的文献，以优化资源配置并激发藏书活力。

第二，高校图书馆应从其独特的定位和性质出发，根据实际情况和学科重点，构建具有特色的馆藏体系。摒弃传统的广泛收藏策略，要突出重点领域，持续提升馆藏质量，促进图书馆资源建设的繁荣发展。

第三，加强调查研究对于提高复选工作效率至关重要。邀请科研人员和专家参与馆藏评估，可以准确把握不同受众的需求，同时，通过调查图书馆的流通和登记情况，直接了解各类文献的使用频率，为复选提供重要依据。

第四，定期进行复选和剔除是维护图书馆资源活力的必要措施。通常，每隔三到五年进行一次系统性的复选和剔除工作，确保图书馆运营的高效率。同时，图书馆也可以根据需要组织小规模的复选活动，灵活应对资源更新需求。

第五，在信息技术迅速发展的今天，高校之间的信息共享变得日益重要。在执行复选和剔除时，图书馆应考虑哪些资源适合共享，避免轻易剔除潜在的共享资源。对于具有潜在价值但需剔除的资源，应考虑建立资源共享库，为未来的图书馆联盟发展提供支持。

第二节　高校图书馆文献信息资源的开发途径

一、加强采访队伍的建设

信息技术的飞速进步极大地丰富了文献信息资源，同时也催生了交叉学科与复合型学科的文献资源，这对高校图书馆的采访工作提出了新的挑战。传统的采访模式已无法满足当前的需求，新兴的采访方式如网上购书和即时采购等应运而生，这些方法有效缩短了采购周期，提升了工作效率。然而，这同时也揭示了许多图书馆采访团队面临的问题，包括人手不足、团队成员知识结构单一以及综合素质待提升等。为了应对这些问题，高校图书馆需要对采访团队进行结构调整和能力提升。

（一）调整采访人员结构

为提升高校图书馆文献采访的效率和质量，优化采访队伍的结构显得尤为关键。一些高校图书馆由于种种历史原因，采访人员的学历和知识背景呈现多样性，从博士到中专不等，专业背景也多为图书情报学，对学校特定学科专业的理解有限，这种人员结构的不均衡导致了采访工作的质量不一，影响了文献资源的准确性和时效性。因此，高校图书馆需采取措施调整采访人员的构成，通过引进和培养具有高学历、专业能力强、具备良好职业素养和责任感的人才，特别是那些熟悉或专长于学校重点学科领域的专业人员。这一转变要求图书馆在人员选拔和培养上采取更为精准和科学的策略，注重人员的综合素质、职业道德和社会交往能力，同时强调对学科知识的掌握和理

解。此外，图书馆还应倡导持续学习和专业发展，鼓励采访人员定期参加相关培训和学术交流，以不断更新其专业知识和技能。通过这些措施，图书馆能够有效减少采访过程中的随意性，确保所采集的文献信息资源既能反映最新学术成果，又能满足学校的教学和研究需求，从而大幅提升文献采访的整体质量和效率。

（二）加强采访人员思想素质教育

强化采访人员的思想素质教育对于高校图书馆而言，是保障馆藏文献健康、优秀并符合教育使命的关键。作为传播知识、文化的重要场所，高校图书馆的职责不仅是收集物质文化成果，更是承担着培育精神文明的使命。因此，提升采访人员的思想素质，确保他们具备正确的价值观和职业道德，对于挑选出既有深厚文化内涵又能促进科学发展的文献至关重要。通过组织系列的学习和培训活动，高校图书馆应当引导采访人员深入理解图书馆事业的社会责任和文化价值，激发他们对本职工作的热爱和对读者服务的热情。同时，将满足读者的信息需求、支持学校的教育教学目标作为工作追求，鼓励采访人员不断提升专业能力，精准识别和选择那些能够对读者产生正面影响、促进学术研究和文化传承的高质量作品。此外，加强思想素质教育还有助于采访人员建立正确的世界观和人生观，从而以更高的标准和要求来审视和挑选每一项文献资源，确保图书馆所收集的每一份资料都能反映健康向上的价值导向，为构建和谐的学术环境和文化氛围贡献力量。

（三）加强采访人员素质的持续提高和读者培训工作

提升采访人员的综合素质是高校图书馆持续发展的重要保障，特别是在高校不断扩大规模、提升教学研究水平的背景下。为了适应这些变化，图书馆的文献信息资源建设必须紧跟学校的发展步伐。这要求图书馆的采访人员不仅具备丰富的专业知识，还需要掌握外语和计算机技能，以便高效管理图书资源和进行信息分析。为了实现这一目标，高校图书馆应从两方面着手：一方面，通过精心筛选，引进高学历、综合能力强的新人才；另一方面，为现有工作人员提供持续的培训机会，如参加专业讲座、培训班等，不仅提升他们的专业技能，还能拓宽视野、丰富知识。此外，邀请专家教授来馆举办讲座，也是提高采访人员素质的有效途径。同时，采访人员需清晰理解图书馆的服务宗旨和目标，熟悉馆藏结构及读者需求，以减少采访过程中的随机性和盲目性。随着图书馆资源的日益丰富，如何有效利用这些资源，最大化文献经费的投入产出比，不仅需要采访人员的努力，还需要加强对读者的培训，引导他们更好地利用图书馆资源，实现资源的最优配置和使用。

（四）加强采访人员社会活动能力和组织协调能力的培养

在高校图书馆中，采访人员不仅需要具备专业的图书情报知识，还应有良好的社会活动与组织协调能力。这是因为采访工作的复杂性和广泛性要求采访人员频繁与读者、出版社及其他相关单位和个人进行有效的沟通和协作。为了提升采访工作的效率并营造一个和谐的工作环境，高校图书馆必须注重对采访人员这些能力的培养。此外，采访人员的身体健康同样重要，尤其是在新的采访模式下，经常需要外出采集资料，这就要求他们有健康的体魄和充足的精力来应对工作中的各种挑战。因此，高校图书馆应当采取措施，关注并维护采访人员的健康状态，确保他们能够顺利完成任务。

二、合理使用文献购置经费，加强使用效益评估分析

在当今数字化资源快速增长和信息需求多样化的背景下，高校图书馆的馆藏结构正经历着显著的变化。面对有限的文献购置经费，图书馆需要建立一个既合理又能够反映学校特色和需求的采购制度。这要求图书馆在细化预算分配时，必须精准识别并优先考虑那些能够最大程度满足读者多元化需求的资源，同时确保采购流程的计划性和系统性，以有效控制成本和减少不必要的开支。通过这种方式，图书馆能够在资金有限的情况下，优化资源配置，更好地服务于教学和研究工作。

在高校事业经费中，文献购置经费占据了重要的一环，对于高校图书馆而言，如何科学、合理地使用这部分资金是关键。为此，图书馆应当成立专业团队，由主管馆长、文献资源建设部门主管和采访专员组成，负责制订详尽的年度文献购置计划。这一计划在图书馆学术委员会的审议和批准之后方可执行，确保经费使用的合理性和有效性。制订经费使用计划时，图书馆需要明确购置策略的目的性和针对性，优先考虑学校的重点学科和专业所需的核心文献资源，同时也要注意保持学科间文献资源的平衡，兼顾纸质和电子资源的采购，特别是那些使用频率较高的资源，以避免资源缺口，确保资源的充足和定期的更新。此外，图书馆还应定期进行文献资源使用效益的评估和分析，通过一系列定量和定性的评价方法，如读者满意度调查、文献的采全率和采准率、流通率分析、专家评审、电子资源的使用统计等，来审视经费的使用是否达到预期效果。尽管传统的评估方法存在操作性和量化难度，图书馆正积极探索更有效的评估方式，以实现经费使用效益的精确评估，保障投资的最大化回报。

三、建立合理的藏书布局

随着高等教育环境的不断进步，高校图书馆的建设和服务模式经历了显著的变革。从传统的书库与阅览室分离模式转变为现代化、一体化的服务，实现了全方位、全天候的开放，极大地增强了图书馆的服务功能和资源的可用性。在这一背景下，馆藏布局的合理性成为了提高文献信息资源使用效率、优化资源配置的关键因素。一个科学且合理的藏书布局方案，应当基于学校的教学和科研需求，精细划分学科门类和文献利用程度。通常，文献资源根据学科类别划分为几大区域，如哲学社会科学、自然科学等，再根据利用频率划分为流通馆藏区、历史馆藏区和剔除馆藏区。这样的分类不仅有助于保持馆藏的动态平衡，也方便了读者根据自己的需求快速定位资源。

流通馆藏区，作为图书馆文献资源的核心，收纳近年出版、需求量大的文献资料，便于读者和教研人员的日常使用。历史馆藏区则保存具有长期保存价值、需求量相对较少的专业文献，为特定研究提供支持。剔除馆藏区负责存放即将过时或利用率极低的文献，为馆藏更新腾出空间。此外，图书馆还需考虑读者的使用习惯和管理效益，灵活选择存放中外文资料的布局方式。无论是将同一学科的中外文资料集中存放，还是将图书和期刊按照载体分开摆放，图书馆都应权衡其优缺点，以提升用户体验，同时确保管理的高效性。在实施馆藏布局时，图书馆还应积极探索新的服务模式，如设立特色资源区、新书阅览区等，以满足多样化的读者需求。同时，通过定期使用效益评估和反馈机制，图书馆能够及时调整和优化馆藏布局，确保资源配置与时俱进，最大化地满足学校的教学和科研需求，进一步提升图书馆的服务水平和社会价值。

第三节　高校图书馆文献信息资源的评价研究

一、高校图书馆馆藏信息资源评价的含义与作用

（一）高校图书馆馆藏信息资源评价的含义

信息资源评价，按照曹作华的观点，是一个基于特定目标，对图书馆信息资源的实际效用和益处进行系统性收集、分析与客观评价的过程。这一评价活动涵盖了图书馆信息资源系统的完整运作状态和成效等多个维度，旨在通过全面的分析和评价提供反馈，从而支持图书馆信息资源管理和发展策略的决策制定。这种方法不仅有助于理解信息资源的当前表现，也是推动图书馆服务持续改进的重要工具。

在网络化的环境下，图书馆的信息资源评价涵盖了纸质和电子两大类资源，根据李芳等人的研究观点。对于传统的纸质文献资源，评价的焦点放在资源的量、实用性及其价值等方面，旨在衡量图书和期刊等纸质资源的质量和对读者的服务能力；而在评估电子信息资源时，则需要对图书馆提供的数据库、电子书籍、电子期刊等进行全面的分析，以评定其综合价值。尽管图书

馆可能不直接拥有电子资源的版权，但这些资源的学术和使用价值，以及它们的实际使用情况，仍旧是评价的重要方面。因此，图书馆信息资源的评价不仅关注馆藏资源的数量和质量，还包括读者对这些资源的访问与利用率。这种评价方法有助于图书馆全面理解自身信息资源的状况，指导未来的资源建设和服务改进，以更好地满足读者的需求。

总体来说，高校图书馆的馆藏信息资源评价是一个全面的过程，旨在基于图书馆的资源发展目标，对其各类馆藏资源，包括纸质、数字和开放获取资源的现状及读者的访问与使用情况进行系统的分析和评估。这样的评价活动有助于图书馆优化资源配置，更好地服务于教学和研究需求。

（二）高校图书馆馆藏信息资源评价的作用

定期对高校图书馆的馆藏信息资源进行评价是图书馆管理的关键部分。这一评价过程不仅能使读者更有效地识别和利用所需资源，提升资源使用的效率，还能显著增加文献资源的利用率。通过这种方式，图书馆能够根据评价结果优化资源配置，促进图书馆文献资源建设的持续健康发展，确保图书馆服务能够更好地支持学术研究和学习需求。具体来说，高校图书馆馆藏信息资源评价的作用主要有以下三点（见图2-4）。

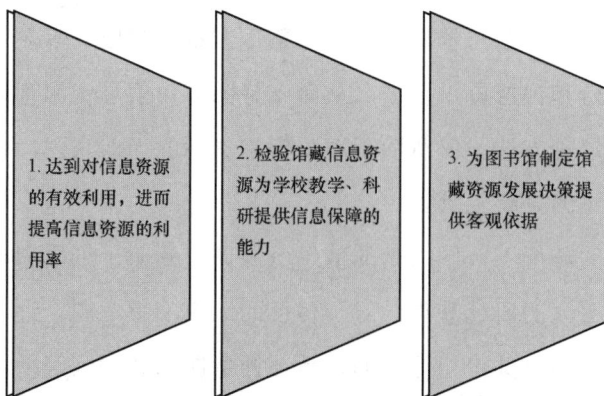

图 2-4　高校图书馆馆藏信息资源评价的作用

1. 达到对信息资源的有效利用，进而提高信息资源的利用率

有效地评价信息资源是确保其被高效利用的关键步骤，对于提升图书馆服务质量和资源利用率至关重要。在信息泛滥的时代背景下，用户在众多资源中识别并选取所需信息的能力尤为关键。因此，通过细致的信息资源评价，图书馆能够优化资源的准确性和实用性，进而提升资源的总体品质。这不仅有助于引导用户高效地识别、选择和利用所需资源，也促进了信息资源的合理分配和持续更新。为此，图书馆需要对其馆藏信息资源的构建进行全面评估，包括资源的结构合理性、系统性及连续性，确保不同格式的资源、不同学科的内容及其获取方式能够相互补充，形成一个连贯、完整的信息服务体系，特别是在数字资源的采集和积累上，保持系统性和连续性对于维护资源完整性和有效性尤为关键。在此基础上，图书馆应进一步专注于采购那些使用率高和符合用户主要需求的核心资源，这是提高资源利用效率和增强用户满意度的基础。通过这种方式，图书馆不仅能够提高信息资源的有效利用率，还能促使资源的优化配置和良性循环，满足并推动学术研究和学习的需求。

2. 检验馆藏信息资源为学校教学、科研提供信息保障的能力

对高校图书馆的馆藏信息资源进行综合评价是核实其支持教学和科研活动的关键一步。这一评价过程涉及对馆藏资源的规模、质量及其结构的深入分析，以确保图书馆能准确了解自身的资源状况。此过程能揭示关键和核心资源的收藏状况，检验这些资源是否受到足够的关注并保持了必要的更新连续性；同时，也能发现并识别出那些未能满足用户需求的弱点。通过这种方式，图书馆不仅能够"盘点家底"，还能针对发现的不足采取改进措施，从而更有效提高图书馆在教学和科研中的信息保障能力。评价结果直接反映了图书馆资源配置的合理性和效率，为进一步优化资源配置、增强服务质量提供了科学依据。这种评估不仅是对现状的反馈，更是指导图书馆未来发展方向和策略的重要工具。

3. 为图书馆制定馆藏资源发展决策提供客观依据

定期进行馆藏信息资源评价对于高校图书馆而言，是制定资源发展决策

的基石。第一，这一过程允许图书馆准确地审视采选策略的有效性，确保所采选的信息资源符合馆藏发展的方向和需求。通过这种微观评价，图书馆能够精细调整其信息资源的采购工作，提高采选效率和资源的质量。第二，对纸质和电子文献资源的持续评估有助于图书馆发现资源配置中的不足，及时补充缺失，优化馆藏结构，确保经费的有效利用，避免不必要的资源浪费。此外，通过收集和分析读者反馈信息，图书馆能够掌握读者对资源的满意度，评估馆藏资源是否满足用户的多样化需求，据此有针对性地调整资源配置，增强服务质量。第三，评价结果还能揭示图书馆当前的资源配置是否与其长期发展目标和策略相匹配，是否存在特色和重点领域，为图书馆提供调整和优化决策的依据。第四，资源评价促进了图书馆与院系、其他高校图书馆之间信息资源的共建共享，提升了图书馆整体的服务水平。通过这种全面的评价机制，高校图书馆不仅能够确保信息资源的合理配置和有效利用，还能够持续改进和优化服务，更好地支持学校的教学和研究工作。

二、高校图书馆馆藏信息资源评价的分类

馆藏信息资源的评价根据不同的划分标准，可以划分出不同的类型。

（一）按质量要素分类

信息资源评价根据所涉及的质量要素数量可划分为三个主要类型：单要素质量评价、多要素质量评价及整体质量综合评价。

1. 单要素质量评价

单要素质量评价聚焦于图书馆馆藏质量的一个具体属性，例如，评估特定学科的文献资源使用频次或衡量用户对图书馆服务的满意度。这种评价方法通过选取单一的质量因素作为评估的准则，为图书馆提供了关于该特定方面表现的深入了解。采用单要素评价可以有效地识别和改善图书馆服务与资源的具体问题，帮助图书馆针对性地提升服务质量或资源的有效性。

2. 多要素质量评价

多要素质量评价是在信息资源建设的评估过程中采用的一种综合方法，它涵盖了图书馆各个建设方面，如自动化、网络化、文献资源、数字化信息资源等。通过评价这些方面所涉及的多个质量要素，构建起评价的子系统，每个子系统都作为局部质量评价的标准。这种评价方式允许图书馆对信息资源建设的不同组成部分进行全面而详尽的分析，确保各方面质量要素的综合考量，从而对图书馆的信息资源建设提供更加全面和深入的评估。

3. 整体质量综合评价

整体质量综合评价是对图书馆信息资源建设全域的一种全面评估，包括信息的搜集、整理、管理、服务等多个环节。这种评价考虑了信息资源系统的全部构成要素及其相互关系，旨在深入理解信息资源体系的整体状况、功能及效能。通过这种综合评估，图书馆能够获得关于馆藏发展规划、预算分配、过程控制，以及整体信息服务能力提升的重要指导。尽管采用这种评价方式需要大量的工作量且挑战较大，但其为图书馆提供的深度洞察和指导作用是其他评价形式难以替代的。

（二）按评价时间分类

信息资源建设评价根据时间维度的不同可以分为回顾性评价和现状评价两大类。

1. 回顾性评价

回顾性评价依托历史数据，对图书馆在过往某段时间内的馆藏建设质量进行深入分析和比较。这种评估方法能够展现图书馆馆藏资源建设的历史演变过程，揭示政策调整的效果和质量变化的趋势，为图书馆未来的信息资源建设策略提供重要的历史对照和参考。通过回顾和分析，图书馆能够更加明确地认识到自身的发展轨迹和成效，从而为未来的发展方向和策略优化提供科学依据。

2. 现状评价

现状评价则关注图书馆当前的馆藏状况，基于既定的质量评价体系，对现有的馆藏资源进行综合的现实评估。这种评价方式能揭示图书馆馆藏信息资源建设的当前状况，包括资源的结构、质量、利用效率等关键指标，为图书馆制定未来的资源发展规划和优化策略提供即时、准确的数据支持。

（三）按评价范围分类

在信息资源建设评价领域，根据评价的具体范围，可以将评价活动划分为微观评价、中观评价与宏观评价三种类型。

1. 微观评价

微观评价主要聚焦于单一图书馆信息资源建设的质量评估，它涉及对图书馆单个活动单位或具体项目的建设状况进行细致审查，目的是了解并提升单个图书馆的服务质量和资源配置效率。

2. 中观评价

中观评价则扩展到更广的地区或行业层面，例如，对某一省份、城市或特定行业内多个图书馆信息资源建设的质量进行评价。这种评价能够揭示一定范围内信息资源建设的普遍性问题和特点，为地区或行业内的信息资源优化和政策制定提供依据。

3. 宏观评价

宏观评价的视角更为广阔，它关注的是全国范围内的信息资源建设状况，通过评估可以了解到国家层面信息资源共知、共建、共享的整体效果。宏观评价对于把握国家信息资源建设的大趋势、制定国家级信息资源发展战略等具有重要意义。

三、高校图书馆馆藏信息资源评价的原则及流程

评价高校图书馆馆藏信息资源是确保馆藏与用户需求相符合、提升服务质量的关键环节。一个系统的评价流程及遵循的原则能够有效指导图书馆在

采集、管理和优化资源时作出合理的决策。

（一）高校图书馆馆藏信息资源评价的原则

1. 整体性和系统性原则

在进行高校图书馆文献信息资源的评价时，必须遵循整体性和系统性原则。这意味着评价过程中需要全面地考虑图书馆整个资源数据库的构成、多样化的用户需求，并将这些因素结合图书馆的实际情况进行综合评估。评价不应局限于单一的环节或者因素，而应该将各个评价指标整合成一个连贯、系统的评价体系，以此来最小化评价过程中的主观偏差。考虑到图书馆本身是一个功能复杂、目标多元的系统，其信息资源建设的目标不仅包括提高服务效率，还涉及扩展发展潜力。因此，评价时应采取系统思维，确保各种目标在发展过程中得到平衡考虑，旨在实现图书馆信息资源建设的整体最优。这种系统化的评价方法将有助于图书馆更精确地定位资源建设的现状和方向，促进图书馆服务质量和资源配置效率的整体提升。

2. 指标可操作性与可比性相结合的原则

在图书馆馆藏信息资源建设评价过程中，实施指标的可操作性与可比性相结合的原则至关重要。这意味着评价指标体系的构建既要基于已有的图书馆标准体系，又要具备灵活性，以便根据评价需要添加新的评价项目。关键在于确保选定的指标既容易度量和获取，又能便于进行科学的数据统计与处理。此外，确保数据的可比性对于评价结果的分析解读至关重要，不仅有助于内部的连续性比较，也便于与其他图书馆或标准进行横向比较。这种对可操作性与可比性的强调，旨在提高评价过程的效率和结果的有效性，确保评价活动能够为图书馆馆藏资源建设提供科学、客观的反馈和指导，从而促进图书馆服务质量的持续提升和资源配置的优化。

3. 定量与定性指标相结合的原则

在评估高校图书馆的文献信息资源时，采用定量与定性指标相结合的方法是关键。这种方法允许对评价过程中难以量化的因素通过设定特定权重值

进行定性分析，同时对可量化的因素进行定量评估。这样的综合方法既具有定量分析的客观性和精确性，又具有定性评价的深度和广度，从而能够全面而准确地描绘出图书馆信息资源建设的质量。通过这种方式，评价结果更加全面，能够真实反映高校图书馆信息资源建设的实际状况，为图书馆未来的资源规划和服务改进提供客观依据。

4. 静态与动态指标相结合的原则

在高校图书馆的馆藏信息资源建设评价中，结合静态和动态指标的原则至关重要。静态指标提供了图书馆在特定时间点的状态快照，而动态指标则揭示了一段时间内资源建设的变化趋势和发展速度。这种双重视角的评价不仅能够呈现图书馆当前的资源规模，还能够评估资源增长的势头，为全面理解图书馆资源建设的成就和挑战提供了更丰富的信息。对于那些发展起步较晚的数字图书馆来说，仅靠静态指标可能无法准确反映其快速增长的实际情况，而纯粹依赖动态指标又可能放大其成果。因此，将静态与动态指标相结合，以静态指标为基础，辅以动态指标，可以更加全面和准确地评估图书馆的信息资源建设水平，为制定未来发展策略提供坚实的数据支撑。

5. 导向性与科学性原则

在构建高校图书馆信息资源建设评价指标体系时，导向性与科学性原则是至关重要的。这一原则强调，评价体系不仅需能真实地映射信息资源建设的实际水平，还应具备引导资源建设向更高质量发展的功能。制定评价指标时，应充分考虑信息资源的现状及其发展的潜在趋势和目标方向，确保评价体系既具有明确的指导意义，又在科学性原则的基础上设计。指标体系设计应全面、科学、明确，每个指标的定义和统计方法要清晰，确保所得数据的准确性和可靠性。这些指标应综合反映图书馆信息资源建设的多维度价值，包括其核心特征、当前状态，以及未来发展的方向。通过这样一个科学且富有导向性的评价体系，可以为图书馆的信息资源建设提供准确的现状分析和明确的发展指引，促进图书馆资源配置的优化和服务质量的持续提升。

（二）高校图书馆馆藏信息资源评价的流程

高校图书馆馆藏信息资源评价构成了一个连续的循环过程，始于明确评价需求，终于制定新的发展战略，并再次回到评价起点。评价开始前，首要任务是界定评价的具体需求，这一步决定了评价团队的专业构成。成立评价小组之后，接下来的重点是明确评价的具体对象和目标，因为不同的评价焦点将直接影响评价的方向和所需的评价指标体系。随后，评价指标体系构建完成，必须收集相关的信息数据，并选取恰当的评价方法来执行评价。评价结束后，通过详尽分析得出评价结果，这些结果将指导图书馆信息资源的优化配置，提供科学的决策依据，为下一阶段的资源建设和服务改进奠定基础。此时，新的目标和策略的制定将推动图书馆进入下一个评价循环。值得注意的是，信息资源评价的参与者不限于图书馆工作人员和专业专家，更应包括所有利用图书馆资源的读者和用户。评价的对象也应广泛涵盖所有馆藏资源及其对用户需求满足度的影响。通过这样全面且循环的评价过程，高校图书馆能持续优化其资源结构，更好地服务于教学和研究，实现可持续发展。

随着图书馆领域电子和网络资源的快速增长及图书馆服务理念的进步，馆藏信息资源评价领域已经见证了评价内容的显著扩展和复杂化。应这一变化，评价方法也需相应演进，综合运用定性与定量分析的评价手段已成为当前的主流。除了依旧重要的传统评价工具，如书目核对法和引文分析法外，为了对图书馆的馆藏资源进行更为全面和系统的评价，尤其是针对数字资源的评估，现代评价技术如用户调查法、多指标综合评分法、层次分析法和模糊综合评价法等被广泛采用于图书馆信息资源的评价研究与实际操作中。这些方法的应用，特别是在评估印刷型和数字信息资源方面，不仅增强了评价的全面性和系统性，也提升了评价结果的实用性和科学性，为图书馆馆藏资源的优化配置和服务质量的提升提供了有力支撑。

四、高校图书馆文献信息资源评价的方法

（一）印刷型馆藏信息资源评价方法

传统的印刷型馆藏信息资源评价主要关注图书馆的馆藏数量、质量、结构、利用效能等关键方面，评价的焦点在于评估图书馆馆藏的完整性、系统性及其学术价值。在我国，虽然对此类馆藏评价的研究主要集中于理论层面，但近些年来，随着图书馆集成系统统计功能的应用，开始逐步实施基于馆藏结构和图书利用率等实际数据的实证性研究，这一进步有效地促进了传统馆藏评价方法的发展和深化。印刷型馆藏信息资源评价方法主要包括以下九种。

1. 自我评价法

自我评价法是一种内部评价机制，通过高校图书馆管理层及工作人员对馆藏资源进行周期性的自评。该方法要求每个季度进行至少一次全面评价，从多个角度对馆藏资源的状态和效益进行审视，包括采访人员对信息资源的增长、结构、内容适宜性及时效性的评估，确保所采集资源科学合理，满足高校的教育需求。同时，流通人员通过分析借还数据和期刊的使用情况，评估读者对信息资源的实际利用率。此外，馆藏发展研究人员则从宏观角度出发，考察人均资源量、学科结构的合理性、文献覆盖率和核心文献比例等指标，以判断馆藏资源是否达到预定的发展标准。这种自评方法不仅有助于图书馆内部发现问题并及时调整策略，还能持续优化馆藏资源，提高服务质量。

2. 读者评价法

读者评价法，作为高校图书馆馆藏信息资源评价的一个重要手段，通过每月定期进行的网络调查、问卷调研、口头访谈等形式主动收集读者的反馈和意见。这种方法旨在深入了解读者对馆藏资源的使用感受、需求和改进建议，确保图书馆服务的持续改进与优化。通过建立与读者之间的开放沟通渠道，图书馆能够更精确地捕捉到读者需求的变化，从而精准调整馆藏策略，使馆藏资源更加符合读者的实际使用需求。此外，积极响应读者反馈不仅能提升图书馆的服务质量，还能促进馆藏评价体系的完善，使图书馆服务更加人性化、个性化。

3. 专家评议法

专家评议法作为高校图书馆馆藏信息资源评价的一种重要方式，大约每两到三年进行一次。此方法是通过专业领域内的专家学者，根据图书馆的长期目标和策略，对指定学科的资源进行深入的分析和审查。专家们利用自己在学术和实践中积累的丰富知识及经验，综合评估特定领域内馆藏的学术价值和可能存在的不足，并提出建设性的建议。专家评议法能够集合众多专家的智慧和见解，为图书馆提供全面和深入的评价结果，有助于图书馆精准定位馆藏发展方向和改进策略。然而，在实施评议过程中，需谨慎处理可能影响评议公正性的因素，确保评议活动能够真实反映专家的专业判断，最大限度地发挥专家评议在馆藏资源评价中的积极作用。

4. 统计分析法

统计分析法是高校图书馆在评价馆藏信息资源时常用的一种方法，通过每季度利用计算机技术对馆藏数据进行定期的收集和分析。这种方法涉及对图书馆文献信息资源的数量、规模、利用情况等多种统计指标的深入分析，包括但不限于利用率、流通率、拒借率等。通过对这些数据的综合评估，图书馆可以直观地把握馆藏资源的使用状况和效率，及时发现存在的问题。依据统计分析得到的结果，图书馆能够从多个角度进行针对性的调整和优化，以提升馆藏资源的建设质量和读者服务效果。这个方法的优势在于其数据驱动的特点，提供了一种客观、量化的评价手段，使得图书馆能够根据具体数据进行科学的决策。

5. 书目核对法

书目核对法是高校图书馆在进行馆藏信息资源评价时采用的一种传统而有效的方法，每年执行一次。该方法通过将图书馆现有的某学科领域文献书目与选定的标准馆藏目录进行对比分析，标准目录通常由核心书目或被广泛认可的权威书目组成，具有很高的科学性和参考价值。通过比对，图书馆能

够明确当前馆藏在特定学科领域的覆盖程度和缺陷，特别是通过参照如《中文核心期刊要目总览》等标准资源，图书馆可以发现并补齐期刊收藏的空缺和遗漏。书目核对法不仅助于评估和保证馆藏结构的合理性和完整性，还能为图书馆提供修正未来采购计划和调整馆藏策略的依据。这种方法使图书馆能够有针对性地弥补藏书的不足，优化藏书结构，确保馆藏资源更好地服务于学术研究和教学需求。此外，定期进行书目核对也是提升图书馆整体学术水平和服务质量的重要手段。

6. 引文分析法

引文分析法是一种常用于高校图书馆馆藏评价的方法，一般每两至三年进行一次，通过审视学术出版物中的引用和参考文献来评估图书馆馆藏的质量和相关性。该方法核心在于分析引用的学术文献的选择性和质量，重点寻找那些在学术界具有重要影响力和广泛被认可的文献，以此来评估图书馆馆藏是否满足当前学术研究的需求。在分析引文时，首先要确定一个具有代表性的样本集，即在特定学科领域内广泛被引用的文献。通过这些文献的被引频次及其在图书馆馆藏中的存在情况，可以对馆藏资源的覆盖广度和深度进行量化评价。此外，此方法也考察了被引文献的学术贡献和创新程度，从而评估馆藏的学术价值。引文分析不仅帮助图书馆管理者理解资源在学术交流中的实际使用情况，而且还能够揭示学术趋势和研究热点，为图书馆的采购决策和资源配置提供科学依据。通过对引用数据的深入分析，图书馆能够识别出学科领域内的核心文献和前沿话题，进一步优化资源结构，提高服务质量。

7. 馆藏结构分析法

馆藏结构分析法作为一种全面审视高校图书馆馆藏资源的方法，每五年进行一次深入分析。这一评价过程着重于评估图书馆馆藏在学科领域分布、文献类型、资源数量等多个维度的合理性和系统性。作为一种综合性评价方法，馆藏结构分析法涉及广泛的数据收集和多角度的统计分析，旨在准确把握图书馆资源配置的优势和不足，同时考虑到读者的实际需求和利用情况，以判断馆藏结构的适宜性。鉴于馆藏资源的构成及读者需求在短期内变化不大，结合图书馆资源更新和增长的周期，每五年全面评估一次可视为最佳实践。这不仅能保证评价工作的可行性和有效性，还能为图书馆资源发展提供长期的指导和规划依据。

8. 评分法

评分法作为评价高校图书馆馆藏资源的一种方法，建议每两至三年实施一次。鉴于馆藏资源评价的复杂性，依靠单一的评价方式难以全面、客观地反映资源的质量。因此，将定性分析与定量分析相结合，辅以模糊数学、经济学等学科的分析方法，构建一个综合的评价模型显得尤为重要。通过层次分析法等工具，可以建立起一个科学的指标体系，使评价过程既考虑了量化数据的客观性，又兼顾了那些难以量化因素的主观判断。在实际操作中，定性评价方法的直观性和易操作性使其在一些难以量化的因素评价中占有一席之地，而定量评价方法则凭借其客观性和准确性在评价过程中发挥着不可替代的作用。两种方法的结合不仅可以实现互补，还能更加紧贴馆藏资源评价的客观实际，为图书馆馆藏资源的优化配置和服务质量提升提供了强有力的支撑。

9. 综合图书馆联机系统报告的方法

综合图书馆联机系统报告的方法是利用图书馆计算机管理系统生成的数据进行馆藏资源评价的一种现代化手段。通过这种方法，高校图书馆可以轻松获取到传统手工统计难以达到的详细数据，特别是在分析馆藏利用情况方面显示出其独特优势。例如，利用汇文等图书管理系统的流通数据，图书馆能够快速准确地了解到新入藏的学科领域文献在同年度入藏总量中的比例，以及每一类文献的借阅次数。这样的分析不仅能评估馆藏资源是否能满足读者需求，实现供需平衡，还能细致区分不同学科领域的服务水平，从而为图书馆资金的合理分配和资源配置提供科学依据。

尽管评价纸质文献信息资源的方法众多，但大多数方法倾向于专注于馆藏的特定方面或特定学科，这限制了对图书馆整体馆藏体系进行全面和系统

评价的能力。为了克服这一局限性，有必要采用多种评价方法的综合应用，通过这种多维度的评价策略，才能实现对纸质文献信息资源全方位、系统性的评估，确保评价结果的全面性和准确性。

（二）数字馆藏信息资源评价方法

在数字馆藏评价的领域内，专家们采纳了融合定性与定量研究方法的复合策略，这一方法源自于传统馆藏评估的经验。这种综合性的评价方式旨在精确测量目标达成的水平。随着时间的推进，数字资源评价领域内的研究文献逐年增加，众多学者从多样化的视角对评价方法进行了深入探讨。目前，业界普遍认可并广泛应用了若干评价方法，包括但不限于层次分析法、德尔菲法、模糊综合评价法，文献计量法、横向比较分析法、纵向比较分析法、使用成本分析法、用户满意度分析法等。下面将选取其中的四种进行简述。

1. 层次分析法

层次分析法（AHP）是一种结合了定性和定量分析的多层次决策工具，由美国运筹学家 Thomas L. Saaty 教授在 1977 年首次于国际数字模型会议上提出。这种方法适用于解决具有复杂结构的问题，其核心在于将一个综合问题分解为易于管理和评估的子问题，进而构建出一个多层级的分析框架。在层次分析法中，问题被细分为目标、标准、选项等多个层级，每个层级根据其相对重要性被赋予一定的权重。

首先，层次分析法通过定义问题和确定评价目标开始，接着按照目标的性质将问题分解为若干因素，并按重要性分级排序。这些分级因素形成了一个层级结构，包括目标层、标准层和方案层。在这一过程中，决策者对不同层级因素间的相对重要性进行评估，使用成对比较的方式来量化这些因素的权重，从而构建出判断矩阵。通过数学运算，如特征值计算和一致性检验，层次分析法帮助决策者评定各因素的权重，并据此做出最终决策。层次分析法的显著优势在于其直观性和灵活性，允许决策者在决策过程中将个人经验和直觉以结构化、量化的方式纳入考虑。这种方法尤其适合那些难以通过完全定量方法解决的复杂决策问题，因为它允许同时考虑定性和定量因素。此外，通过明确的层级结构和权重分配，层次分析法能够清晰地展示决策过程中的逻辑和依据，有助于提高决策的透明度和可信度。然而，层次分析法的应用也存在一定的局限性，它在很大程度上依赖于决策者的判断和偏好，尽管通过一致性检验可以在一定程度上确保评价的一致性和合理性，但无法完全消除个人偏见对决策结果的影响。此外，当参与决策的因素数量较多时，成对比较的过程可能变得烦琐，导致决策过程的效率下降。

2. 网络计量评价法

网络计量评价法代表了一种在网络环境下，利用文献计量学、信息计量学等手段进行的分析方法，它通过定量的手段评估互联网上信息资源的管理、储存、分布和相互之间的引用关系。这种方法以其客观性而被广泛认可，尤其是在电子资源评价领域，它通过分析网络统计数据来提供评价指标，已成为近年来评价电子资源的主要方式之一。通过分析服务器日志文件，网络计量评价法可以详细记录和分析在一定时间段内的网站访问次数、用户的浏览路径、下载活动等数据。这些数据的统计分析对于了解用户行为和电子资源的使用情况提供了宝贵的信息。随着我国图书馆电子资源采购渠道的多样化及访问方式的多变性，如直接访问、通过代理服务器访问等，网络计量评价法在实际应用中需要对数据统计技术的架构进行精确设计，以确保有效收集和分析用户利用信息。

在设计网络计量评价方法时，应当考虑各种潜在的挑战，如确保数据收集的完整性、实时性和可靠性。数据的收集和分析不仅涉及图书馆本身，还包括资源供应商和其他相关方，在整个过程中，明确各方在用户数据收集中的责任尤为重要。此外，链接和引用数据的分析对于评估电子资源的价值和影响力至关重要，但这一过程中可能面临链接失效或引用关系不明确等问题，可能会对评价结果的客观性和准确性产生影响。尽管网络计量评价法在电子资源评价中具有明显的优势，如能够提供系统性、客观性强的量化分析，便于进行图书馆间的横向比较，但在应用过程中仍需克服一系列挑战，包括改

善数据收集技术、确保数据质量、以及处理数据链接和引用问题等。只有通过不断优化评价方法和技术，网络计量评价法才能更好地服务于图书馆电子资源的评价与管理，进而提高资源的利用效率和图书馆服务的质量。

3. 用户满意度评价法

用户满意度评价法作为一种衡量图书馆电子资源服务效果的手段，以其直接和简洁的特点受到了广泛应用。该方法核心在于直接从图书馆用户的反馈中收集数据，从而对电子资源的使用情况和服务水平进行评估。这种评价方式通常结合线上线下多种途径来实施，包括但不限于电子问卷、在线调查、面对面的访谈等，以确保广泛而深入地收集用户意见和建议。

通过部署多样化的调查工具，如在线问卷调查和直接用户访谈等手段，图书馆能够高效地捕获用户对电子信息资源使用体验的看法，包括对资源质量、数量、可访问性及其他相关服务的满意度。这样不仅可以从用户的直接反馈中获得关于电子资源服务现状的信息，还能从中发现用户需求的不同层面，进而针对性地调整和改进图书馆的电子资源服务策略。用户满意度的调查结果能够为图书馆提供关键的决策支持，使其在电子资源的采购、管理和服务提供过程中更加贴近用户需求。这种评价方法虽然操作上相对简单快捷，能够迅速获取用户的反馈信息，但其评价的深度和全面性有限。特别是由于电子资源的复杂性，用户的反馈可能无法全面反映电子资源系统的所有维度和深层次的需求。另外，由于电子资源覆盖的学科范围广泛，且涉及的技术细节复杂，用户可能仅关注其直接使用的资源，而忽略了系统作为整体的多元价值和潜在优化空间。因此，虽然用户满意度评价法为电子资源服务提供了重要的用户视角和反馈，但仍需与其他评价方法结合使用，以获得更全面、深入的评价结果。

4. 成本效益分析法

成本效益分析法是一种评估资金投入相对于产出价值的经济学方法，最早由 19 世纪的法国经济学家 Jules Dupuit 引入。该分析方法旨在通过经济学视角，探讨最有效的资金使用策略，以期在最小化成本的同时实现最大化的效益。这一方法论对于高等教育机构的图书馆在进行数字资源配置时尤为关键，它帮助图书馆管理层准确评估资金的流动性及其使用效率，并判断所获得的经济效益是否符合预期，以决策是否需要继续投入资源于特定的数据库或其他数字信息资源。在实践中，成本效益分析法涵盖了对成本与效益的全面评估，其中成本不仅包括直接的资金投入，还涉及检索、维护、下载等操作所产生的间接成本。而效益评估则关注投入资金能够带来的收益，如提升的服务质量、增加的用户满意度、可能的经济回报等。通过精细的分析，该方法允许图书馆管理者深入了解资源投入与产出的比例关系，进而作出更为明智的决策，优化资源配置，确保投入的资金能够产生最大的回报。成本效益分析在数字资源管理中的应用，还特别强调了经济效率和资源优化配置的重要性，它提供了一种系统的决策支持工具，使得图书馆能够在众多的投资选择中，识别出成本最低而效益最高的方案。然而，值得注意的是，该方法的有效应用依赖于准确、全面的数据收集与分析，以及对成本和效益各方面因素的综合考虑。

第三章　高校智慧图书馆的特色数字资源建设

第一节　图书馆特色数字资源概述

一、特色数据库概念

在当今的图书馆和信息服务领域内，存在着一类被广泛认可但称谓各异的资源集合，通常被归类为"特色数据库"。这些数据库或被称为特色资源、特色收藏、专题特色库等，实质上都指向同一个概念：一种深度挖掘并充分利用图书馆独有馆藏和丰富网络资源的信息资源库。在高等教育机构中，图书馆不仅是知识与信息传递的重要枢纽，也承担着收集、整理和提供文献信息资源的使命。因此，构建特色数据库成为了高校图书馆在数字化时代下的关键任务之一。所谓特色数据库，是基于图书馆自身馆藏的独特性和学校的学科建设特点，通过精心组织、系统化处理和数字化技术，将对特定学科或专题具有高利用价值的信息资源加以深度挖掘和优化组织。这一过程不仅是简单的数字化工作，而是一个全面考虑用户个性化信息需求、依照严格标准和规范进行的系统工程。特色数据库的建立，旨在突出图书馆的资源特色，展现学校重点学科的研究与教学成果，同时也为用户提供更加精准、便捷的信息服务。特色数据库的重要性在于其独有的价值和功能。它们不仅能够反映图书馆资源的独特性，还能体现高校的学科优势和研究方向，为学术研究和教学提供有力支撑。

二、特色数据库类型

图书馆内部特色数据库的种类繁多，展现出多样化的特征和内容。基于不同的分类标准，这些特色数据库可被细分为若干类型。首先，根据数据库的构建方式，它们可以被归类为采购的外部数据库、图书馆自主开发的数据库，以及通过与其他机构合作建立的数据库。在数据存储和描述的形式上，特色数据库又可分为包含完整文本的全文数据库，专注于具体事实和数据的数值数据库，以及集中于索引、摘要和参考信息的书目索引型数据库，后者常用于指引二次文献信息。在内容上，特色数据库按照其所聚焦的领域不同，可以被区分为针对特定学科领域、地理区域、民族特色的数据库，以及其他围绕特定主题或专题构建的数据库。在我国的高等院校图书馆中，建立的特色数据库普遍覆盖了馆藏精品、学科重点、地域文化、学校特色、多元化专题等方面。下面将对其中的主要特色数据库进行简述。

（一）馆藏特色数据库

馆藏特色数据库的建立是基于图书馆所拥有的独特或珍贵馆藏资源之上的。这类数据库特别关注那些稀有或分布广泛、难以获取的资源，如珍贵古籍、特定领域的学术图书、中外学术期刊等。由于这些资源的特殊性或分散性，其常常未能得到充分利用。然而，它们对于学术研究和文化传承有着不可估量的价值。因此，通过构建馆藏特色数据库，图书馆能够为广大用户提供更便捷的访问途径，极大地增强这些资源的可用性和影响力。高等院校图书馆，凭借其长期积累的学科资源和文献收藏，已经形成了明显的学科优势和特色藏品。这些独具特色的资源成为构建馆藏特色数据库的理想基础。在此基础上，图书馆通过特色数据库的形式，不仅使这些珍贵资源得到了有效的数字化保护和展示，而且还能够根据社会热点和学术趋势，提炼并提供相关的报纸文章和讨论主题，以此服务于读者的研究和信息需求。

（二）学科特色数据库

学科特色数据库的开发与构建，体现了高等教育机构图书馆对学术研究和教学支持的深度投入。这些数据库紧密结合学校的科研与教学需求，以及图书馆的资源收藏优势，专注于特定学科或多学科交叉领域的知识体系构建。它们不仅覆盖了广泛的学科范畴，从传统学科到新兴交叉学科都有所涉及，而且还包含了为学科研究与教学定制的各类辅助工具，如学科导航库、教学参考资料系统等。这种数据库的存在，对于提升学校的学术研究水平和教学质量具有不可小觑的作用。以学科发展为驱动力，图书馆通过精心策划和建设学科特色数据库，为本校的师生提供了一个便捷、高效的学术资源获取平台。例如，吉林大学图书馆开发的"汽车工程信息数据库"和湖南大学图书馆的"金融文献数据库"就是根据各自学校的学科优势和特色，针对性地收集和整合了大量的专业信息和学术资源，极大地方便了相关领域师生的教学和研究工作。

通过这些专门化的学科数据库，教师和学生能够迅速地接触到学科前沿的研究动态、掌握行业发展趋势及全球的学术进展，极大地节省了他们在信息检索和获取过程中的时间与成本。更重要的是，学科特色数据库的建设和应用，不仅彰显了学校在某一或多个学科领域的研究实力和教学水平，还进一步提升了学校的学术声誉和竞争力。

（三）地域特色数据库

地域特色数据库集中体现了某一地区的文化遗产、历史传统，以及与该地区政治、经济、文化发展紧密相连的独有资源。这种数据库的建设旨在深入挖掘和整合地方性资源，展示地区的文化特色、旅游景点、民俗风情、宗教信仰等方面的信息，为推动地方的经济和文化发展提供重要的信息支撑。在中国各大高校图书馆中，地域特色数据库的建设已经成为一项重要的工作方向，各高校依托自身地理位置和学科优势，构建了一系列具有区域特色的数据库资源。例如，东北师范大学图书馆创建的"东北民俗数据库"致力于收集和展示东北地区丰富的民俗文化和传统习惯，而湖南大学图书馆的"书院文化数据库"则着眼于挖掘和传承湖南地区深厚的书院文化遗产。同样，武汉大学图书馆建设的"长江资源数据库"集中反映了长江流域的自然资源、生态环境、沿岸文化等内容，为研究长江经济带的发展提供了宝贵的信息资源。

（四）学校特色数据库

学校特色数据库展现了各高等院校独有的学术和文化资源，涵盖了广泛的内容，如学者的学术论文、硕博士论文、学术著作，以及由学校出版社发行的文献，甚至包括校内外知名专家的演讲稿、学校的历史档案、年鉴等。这些资源不仅记录了学校的科研成果和发展轨迹，而且具备高度的学术和历史价值，对于促进学校的教育和研究工作发挥着至关重要的作用。许多高校图书馆已经认识到建立和维护学校特色数据库的重要性，并据此开发了一系列以本校特色资源为核心的数据库。例如，吉林大学图书馆的"图书馆红学研究参考书目数据库"则集中展示了红学研究领域的重要文献，促进了学术交流；北京大学图书馆通过"北大讲座视频点播资源库"使得校内外讲座资源得到广泛分享；中山大学图书馆的"孙中山数字图书馆"利用数字化技术保护和传播孙中山的思想文化遗产的典范。这些学校特色数据库不仅加深了外界对学校学术研究和文化传承的了解，还为师生提供了极为丰富的学习和研究资源。

（五）其他专题数据库

专题数据库的构建往往围绕读者群体的具体需求或旨在保存某些重要的历史文献资料。这类数据库按照特定主题精心策划和开发，以提供深度的资源集成和专题研究支持。西安交通大学图书馆开发的"钱学森特色数据库"便是一个典型例子。该数据库不仅全面收录了关于钱学森这位科学巨人的生平、成就、学术著作和思想研究，同时还包括了大量的影音资料和图片，丰

富了内容的表现形式。此外，数据库还特别强调了钱学森在自动化控制领域的贡献，为相关学科的研究和学习提供了宝贵的资源和导航。这种专题性强、内容丰富的数据库成为连接学术研究和学习需求的重要桥梁，通过聚焦特定主题或人物，不仅保留了珍贵的文化和科学遗产，也为专业领域的深入研究提供了有力支持。

三、高校图书馆特色数据库建设指导原则

在当前的高等教育环境中，特色数据库已经成为衡量高校图书馆信息资源建设水平的关键指标。为了满足教学与科研的需求，高校图书馆必须依据自身及所属学校的具体需求，精心构建和发展那些反映地方教育特色或突出学校资源特点的信息资源数据库。特别需要着重发展那些符合学科发展需求、能够为师生提供显著支持并具有高使用价值的数据库。在特色数据库的开发过程中，必须遵循"四性"原则，即标准规范性原则、特色性原则、实用性原则及共享性原则。

（一）标准规范性原则

这一原则要求在数据库的全过程管理中——从资源的采集、整理到其上线使用的各个步骤——都必须遵循一定的标准和规范。每一步骤都应基于既定的规范进行，确保数据库内容的准确性、一致性和高效性。采用统一的数字化处理标准、资源描述规范，以及资源组织和服务互操作框架，不仅有助于提升数据库的质量和使用体验，还是实现跨图书馆资源共享与合作的基础。通过这种方式，高校图书馆能够构建出既满足内部需求又能服务于更广泛社会的、高质量的特色数据库资源。

（二）坚持特色性原则

在构建特色数据库时，赋予其独特的资源内容特色至关重要，这不仅是特色数据库区别于常规数据库的核心标识，也是其吸引用户的主要因素。因

此，高校图书馆在开发特色数据库时必须着重考虑如何从广泛的来源中精选具有独特价值的信息资源，确保数据库内容的多样性和丰富性。每个特色数据库都应展现出明确的特色定位，无论是地域文化、专题研究还是特定学科领域，都应凸显其独有的资源优势。此外，高校图书馆在特色数据库的建设过程中，应充分利用所在院校的学科特长和资源收藏优势，优先开发那些能够体现学校学科领域深度、地方文化特色或图书馆馆藏亮点的信息资源。这种做法不仅有助于凸显学校和图书馆的特色和优势，而且在某种程度上，也能提升数据库的专业性和权威性，增强其在学术界和社会上的影响力。在特色内容的基础上，特色服务的构建也同样重要。高校图书馆应根据自身的资源特点和用户需求，提供量身定制的服务，如专业咨询、定制化信息推送等，这不仅能更好地满足用户的个性化需求，还能进一步提升图书馆的服务水平和用户满意度。

（三）实用性原则

在开发特色数据库的过程中，紧紧把握实用性原则是确保数据库能够有效服务于用户的关键。这意味着，特色数据库的设计与构建必须以满足用户的实际需求为出发点，注重数据库的使用便捷性、信息的实用价值，以及对社会和经济带来的积极影响。因此，高校图书馆在规划与实施特色数据库项目时，应当深入了解并分析用户群体的具体需求，确保数据库的内容和服务能够精确对接用户的期望和需要。实现这一目标，需要图书馆在建库初期进行全面的市场调研，与潜在的用户群体进行有效沟通，了解他们在学术研究、教学活动甚至是日常生活中的信息需求。此外，与学科专家和技术人员的紧密合作也是提升数据库实用性的重要途径，他们的专业知识和技术支持能够确保数据库的内容不仅具有专业性和权威性，而且易于用户访问和使用。特色数据库的建设还需注重用户体验设计，包括简洁直观的界面设计、高效准确的检索系统、便捷的服务支持等，这些都是提高数据库实用性的重要方面。

（四）共享性原则

特色数据库的价值最大化在于其共享性。将共享作为构建特色数据库的核心理念，不仅能显著降低数据库的开发与维护成本，还能够通过汇聚更广泛用户的参与和反馈，持续优化数据库的功能和内容质量。因此，高校图书馆在特色数据库的规划和建设阶段，应积极推动跨馆合作，打破信息孤岛，通过共建共享机制，促进资源和技术的共享。这种合作共享模式不仅能提升数据库的建设效率和质量，还能确保资源得到更高效的分配和利用，扩大数据库的影响范围和服务对象。实践中，这要求各高校图书馆之间建立更加紧密的合作关系，共同参与到特色数据库的规划、开发及运营中，分享资源、技术和经验。

第二节　高校图书馆特色数字资源建设的内容选择

一、特色数据库建设选题原则

在高校图书馆特色数据库的构建过程中，选择恰当的主题是至关重要的一环。这一选择应当基于图书馆独有的馆藏资源和学校的研究强项，紧密结合学科发展需求，专注于为图书馆的特定用户群提供服务。因此，数据库的开发应聚焦于能够展现图书馆及其所在地区文化、学科专长的特定领域或主题，以确保所建数据库不仅反映出图书馆的独特价值，也支持和促进学校的教学和研究工作。笔者认为，高校图书馆特色数据库建设在选题上应遵循以下原则。

（一）避免重复

在规划高校图书馆特色数据库时，避免与现有资源的重复建设是节省资源和优化投资的关键。为此，图书馆应在项目启动初期进行全面的市场和资源调研，深入了解国内外类似数据库的构建情况和内容覆盖，确保所选主题的独特性。这一步骤不仅有助于明确数据库的定位和内容范围，还可以防止资源的无效投入和分散，从而使得有限的资源得到更有效的利用，确保建设工作的高效进行和长远发展。

（二）内容和形式上是否体现特色

特色数据库的构建核心在于其能够在内容上及形式上展现出独特性。这意味着选题不仅需要紧密结合地域特色、突出学科专长，还要反映高等教育的独有价值，从而确立数据库的特色与优势。在规划阶段，需评估所选主题是否能满足特定用户群的独特需求，并在相应领域内展现出明显的权威性和不可替代性。这样的特色数据库不仅为用户提供了难以在其他综合型数据库中找到的深度信息资源，也在一定程度上代表了该高校图书馆在全国乃至国际上的学术地位和影响力。因此，确保数据库内容的独特性和权威性是实现其功能和价值的关键。

（三）选题是否突出自身优势

在高校图书馆特色数据库的选题过程中，强调利用学校自身的学科和资源优势。各高校通过多年的努力，在特定的学科领域形成了明显的优势和特色，在特色数据库的规划与建设时，应深入挖掘这些独特优势，确保选题不仅反映了学校在某一或多个学科上的深厚积累，而且聚焦于那些能够展示学校特定专题知识、交叉学科成果或科研前沿的领域。这样的特色数据库不仅能够为校内外的研究者提供丰富、专业的资源，还能持续地维持其在学术界的领先地位，进一步提高学校在相关领域的影响力和认可度。

（四）是否具有较高的学术价值和利用价值

在规划高校图书馆特色数据库时，精心挑选具有学术和实用双重价值的主题至关重要。选题过程应深入探讨该数据库能否满足当前的学术研究需求，

并在国内外学术领域内产生显著影响。同时，其实用性也是不可忽视的方面，选题需紧贴教学和科研的现实需求，确保所建数据库能够有效支持用户的学术活动。此外，一个成功的选题应基于广泛的市场调研和用户需求分析，力求达到需求导向、特色突出、优势互补、避免重复的原则。这意味着，特色数据库的选题既要反映出图书馆及其所在学校的独特资源和学科优势，又要考虑到社会发展的趋势和需求，确保所选主题既具有独特性，又具备较强的吸引力和广泛的应用前景。

二、特色数据资源收集与整理

在特色数据库建设的过程中，搜集各类独特数据资源是关键步骤。必须对这些来自不同来源、不同形式的初级信息进行仔细的审查和挑选，这是整理和构建信息资源架构的初步且必要工作。

（一）特色数据资源收集原则

在构建特色数据库时，精确的资源搜集是至关重要的。这一过程要求明确收集的范围、信息源种类、数据库形式、来源途径，以及数据搜集的具体标准和时间安排，以确保所收集的数据具有系统性、完整性和可靠性，为数据库的高质量建设打下坚实的基础。

特色数据库的信息资源收集是一个精细而全面的过程，其成功建设依赖于对资源的精确评估和有效规划。首先，明确收集范围是关键，它包括确定所需数据的地域、学科、文种、时限等方面，确保资源收集的目标性和针对性。其次，追求资源类型的全面性，涵盖从图书、期刊到会议论文、学位论文、专利文献，以及图像、音频、视频等多样化的文献资源，从而丰富数据库的内容。在信息来源的渠道上，应努力拓宽视野，既要充分挖掘本馆的馆藏资源，包括将印刷型特色文献数字化，也要利用已购买的电子资源，甚至通过外部调查，如访问其他高校、科研机构、行业协会等，来获取相关的信息资源，以确保收集到的文献信息的全面性。此外，数据收集的标准需强调专业性，确保所收录的数据与数据库的主题紧密相关，避免信息的泛滥和杂乱无章。同时，在时间上采取宽容的策略，力求尽早收录并全面覆盖相关领域的文献信息，以体现数据库的时效性和前瞻性。数据库类型的选择也是多样化的，可以是全文型、书目型、文摘型、题录型等，根据特色数据库的具体需求来确定。

在收集过程中，必须避免仅凭经验或主观推断来选择资源，而是通过对信息资源的科学评价和细致规划，确保所收集的资源在质量上既专业又全面，具备独特性。同时，对于各类信息资源应进行清晰分类，并确保它们能够被连续、系统地整合，从而保障数据库的完整性和即时性。

（二）特色数据资源收集途径

特色数据库的构建主要依赖于三个核心的数据来源。首先，关键在于利用图书馆现有的特色文献资源，将这些珍贵的馆藏通过数字化等方式整合入库。其次，从网络上广泛搜集信息资源也是不可或缺的一步，这包括从各种数据库中筛选符合特色主题的资源，或利用共享链接直接接入相关的在线数据。最后，积极汇集学校内部师生的研究成果，包括非正式出版的学术作品和通过实地考察获取的独特资源，都是构建特色数据库不可忽视的宝贵资料。

1. 整合特色馆藏资源

特色数据库的构建首先应侧重于挖掘和整合图书馆现有的特色馆藏资源。图书馆的馆藏通过长时间的积累，已经形成了丰富多样的资料库，包括但不限于印刷文献、光盘、录像、电子书、电子期刊等多种格式。特别是那些学术价值高、特色明显的历史文献资源，由于其稀缺性、高度的相关性、无版权争议等特点，成为构建特色数据库的宝贵资料。为了充分利用这些资源，图书馆需要系统地筛选和利用那些在学术研究中使用频繁、对特定学科具有重要价值的资源。特别是对于图书馆重点学科领域的文献，更应注重其专业性、学术性和权威性的资料收集。通过精准的调研和利用图书馆的馆藏优势，聚焦开发特定领域或类型的数据库，不仅能增强图书馆的吸引力和社

会影响力，也为未来图书馆间的合作奠定了基础。

2. 充分利用网络信息资源

在当今的数字化时代，网络资源已成为特色数据库构建中不可或缺的一部分，其信息量之大、内容之丰富，以及获取之便捷为数据库的丰富性和实用性提供了有力保障。利用网络资源，特色数据库能够有效扩展其信息范围，增强内容的多样性和及时性。在特色数据库的建设过程中，通过搜索引擎和专业网站采集与研究主题相关的网络信息，根据既定的研究方向和内容类型精准定位和筛选信息，是实现资源整合的有效方式。这些筛选后的信息经过深度加工和分析，将成为数据库中重要的组成部分。然而，网络资源的使用也伴随着版权和信息质量的双重挑战。在整合网络信息资源时，必须实施严格的质量控制措施，确保所引入的信息是可靠和权威的，以防止误导用户。此外，对于网络资源的使用，还需严格遵循版权法规，确保在法律允许的范围内合理使用，保护原作者的知识产权。通过精选和利用网络资源，不仅可以有效节约建库的成本和时间，还能提升特色数据库的整体质量和服务效率。

3. 全面收录本校师生的教学科研成果

特色数据库的建设应充分利用校内师生在教学和科研活动中产生的丰富成果，这不仅展示了学校的学术水平，也丰富了数据库的内容。教学科研成果，包括学位论文、学术报告录像、课堂演讲等，都是特色数据库不可忽视的宝贵资源。同样，那些非正式出版的学术材料，如研究报告、会议记录等，也应被视为重要内容进行收集和整理。这些资源往往含有最新的研究思想和成果，对于本专业的研究发展具有重要的参考和借鉴价值。

（三）特色数据资源的加工整理

特色数据库的有效性和实用性极大地依赖于对其包含的数据资源进行精细的加工和整理。这一过程涉及将大量的原始信息资源转化为用户易于获取和使用的精炼知识。为实现这一目标，必须从提取和挖掘信息资源中的相关知识入手，通过去除冗余的信息和数据，以及将隐含的信息显化，以满足用户对信息的直接利用需求。在资源加工前的准备工作中，对馆藏文献资源进行查重是必不可少的一步，以避免资源的重复加工浪费。同时，在加工处理阶段，对存储媒介、格式及转换程序的选择也需要严格标准化，确保信息的一致性和可访问性。

信息加工技术的应用是优化特色数据库内容的关键。自动标引技术利用主题词表和分类表为基础，能够有效地对数据资源进行主题和分类的自动生成，而人工标引则依赖于专业标引人员的主观判断来对信息进行分类和标引，尽管这可能因个人水平差异和语义解读不同而导致不一致。因此，自动标引技术不仅可以提高标引效率，还可以作为人工标引的有效校对工具。此外，元数据技术在信息资源加工中也扮演着重要角色，它通过描述和定位信息资源，使用户能够依靠这些元数据快速、准确地检索到所需的信息资源。

三、特色数据库系统框架研究

构建特色数据库系统时，其主题选择、开发模式、资源的形式等因素将直接影响到系统架构的设计。因此，确保系统框架设计遵循以下特定的原则至关重要（见图 3-1）。

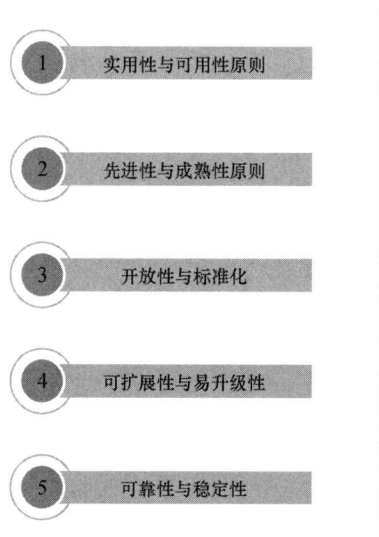

1　实用性与可用性原则

2　先进性与成熟性原则

3　开放性与标准化

4　可扩展性与易升级性

5　可靠性与稳定性

图 3-1　特色数据库系统框架设计应遵循的原则

（一）实用性与可用性原则

在构建特色数据库系统时，紧紧抓住实用性与可用性这两个核心原则是至关重要的。实用性原则强调设计和实施过程中的用户友好性，追求系统操作的简易性、界面的直观性以及功能的个性化和人性化，从而确保终端用户能够高效地利用系统进行信息检索和数据分析。此外，系统的实用性还涉及运行效率的最优化，以确保用户在使用过程中体验流畅，提升整体的使用满意度。同时，可用性原则要求在系统开发中应用成熟可靠的技术和工具，包括选择业界认可的应用服务器、数据库管理系统，以及确保数据安全的系统，以构建一个稳定可靠、易于维护和升级的数据库系统，这不仅涉及技术选型的谨慎性，还包括在系统开发和实施过程中进行持续的质量保证和性能优化。实现这些原则的关键在于系统设计前的深入论证和用户需求分析，以及系统开发和测试过程中的严格质控。

（二）先进性与成熟性原则

在构建特色数据库系统时，平衡先进性与成熟性成为设计和实施的关键原则。一方面，系统设计应考虑未来的技术发展和业务需求，以企业级资源优化和高级信息管理为目标，而不仅局限于基本的信息整理和存储。采用当前先进的技术架构，如容器化和服务化结构，不仅能够为各种应用提供统一的运行环境和通用功能性支持，还能够使业务应用更加专注于实现其核心功能，从而提高系统的整体效率和灵活性。另一方面，选用的技术和设计方案必须是业界认可的、经过实践检验的成熟稳定技术。这种技术的选择能够确保系统在未来一段相对较长的时间内保持领先地位，同时也保障了系统的稳定性和可靠性。此外，系统的开发应遵循平台化、集成化与人性化的现代软件发展趋势，构建的业务平台和行业应用不仅能满足当前的业务需求，更能引领教育行业软件技术的发展方向。

（三）开放性与标准化

构建特色数据库时，采纳开放性与标准化的原则对于确保系统的灵活性、可扩展性和兼容性至关重要。这要求整个数据库平台的架构设计兼容并支持行业内的主流技术标准，确保其能够独立于具体的网络环境、硬件配置、软件框架和操作系统之上运行。通过采用模块化的设计理念，系统能够提供足够的灵活性，允许用户根据实际需求灵活添加或修改功能模块，从而适应不断变化的信息服务需求。同时，系统后台的管理和运营应依托于强大的工作流引擎，这样不仅能够简化日常的维护和升级工作，还能够使得新增功能模块变得更加便捷和直观。在资源的采集、加工、描述、服务提供等关键环节，坚持执行国家信息技术标准化委员会或教育技术标准化委员会设定的各项标准和规范，同时兼顾学校的特定需求和条件，引入或制定符合本校特色的标准，确保了系统的统一性和标准化。这种以开放性和标准化为基础的设计原则不仅保障了特色数据库系统的高效运行和稳定性，也为未来系统的升级扩展奠定了坚实的基础，使得特色数据库能够长期地为学术研究和教育教学提供高质量的信息服务。

（四）可扩展性与易升级性

特色数据库系统的设计和构建需考虑到长期运营和内容的多样化需求，这使得系统的可扩展性和易升级性成为关键设计原则。由于业务规模、业务类型，以及集成范围可能随时间而发展和变化，系统框架必须预留足够的灵活性以适应这些变化。为此，系统的模块设计应保持高度独立性，拥有清晰定义的接口，确保单个模块的更新或改造不会影响到整个系统的稳定运行。此外，采用基于组件的开发方式，如企业 JavaBeans（EJB）、Web 服务等，不仅促进了模块的可插拔性，还为系统的未来扩展提供了强大的技术支持。通过为开发者提供完善的应用程序接口（API）和开发工具，系统可以轻松实现功能的添加或更新，进而保持其在技术发展面前的持续适应性。

（五）可靠性与稳定性

确保特色数据库系统的可靠性和稳定性是至关重要的，这要求从系统的基础架构到应用层面，乃至系统管理等多个方面进行全面考量。通过选择高性能的硬件设备、运用成熟稳定的软件技术、实施有效的技术措施，以及采用精心设计的应用程序和周到的系统管理策略，共同作用于提升系统的整体运行效率和减少故障发生的概率。特别是在处理特色数据库中多样化资源的访问和存储时，针对性地优化缓存机制、静态页面生成和数据存储策略不仅能够提升数据检索的响应速度，还能显著增强系统的可靠性和稳定性。

第三节　高校图书馆特色数字资源系统的功能

一、系统配置管理

特色数据库的系统配置管理模块设计用于维护服务器的管理流程，进行系统参数的配置，以及登记和管理各种资源库的基础信息。此模块使得管理员能够轻松进行数据资源库及表单信息的增加、更新和删除操作，确保系统信息的准确性和及时性。

（一）服务器管理

在特色数据库系统中，服务器管理是一个关键环节，涵盖多种服务器类型，包括但不限于存储服务器、Web 应用服务器、数据库服务器、图片服务器、流媒体服务器等。为了确保系统的高效运行，首先需要对这些硬件服务器进行适当的配置设定，随后，通过系统内部的注册和登记流程，记录下每台服务器的相关参数。这一过程不仅有助于系统的整体管理和维护，也确保了各服务器能够顺畅地协同工作，支撑起特色数据库系统的稳定运行。

（二）系统参数设置

在特色数据库系统的运营中，系统参数设置扮演着至关重要的角色，它允许管理员对系统内的功能性数据进行灵活配置。这种配置可以根据需要在系统部署前进行预设，或在系统运行中根据实际情况进行调整和优化。通过这种机制，系统的可操作性和灵活性得到了极大的增强，确保了数据库系统能够更好地适应不断变化的需求和环境，为用户提供稳定可靠的服务。

（三）基础资源库管理

管理基础资源库是特色数据库系统中的一个核心组成部分，它涉及对各类资源库的基本信息进行详细登记和维护。这些资源库根据内容类型不同，可分为视频库、图片库、音频库、文本库等基本类别，而每一类别下又可能包含若干个具体的资源库实例。通过对这些不同类型的基础资源库进行有效管理，特色数据库系统能够为用户提供丰富多样的数据资源，满足不同用户的信息检索和使用需求。

（四）基本库管理

基本库管理是特色数据库系统中的关键环节，主要负责对各类基础资源库信息进行注册、更新和移除操作。这些基本库作为系统内资源分类的基石，不仅定义了资源库的类型，而且充当了其他具体资源库的模板。

（五）基本库字段管理

在特色数据库系统中，基本库字段管理扮演着至关重要的角色，它涉及对资源库的基本属性——元数据字段的细致规划和管理。这些字段不仅建立在元数据标准之上，而且融合了来自不同机构的参考标准，并结合了系统管理所需的基础信息，从而形成了一个综合的基本库字段模板。这些字段模板分为两大类：基础性字段和扩展字段，它们共同构成了资源库的结构框架。

系统的实施过程中，对这些基本库字段的管理包括但不限于新增字段、修改字段属性、实现字段的批量操作等功能，以确保字段管理的灵活性和系统的适应性。特别地，一旦某个字段被启用，该字段便不能被删除，因为它可能成为其他资源库中不可或缺的基础性数据。

（六）资源库管理

管理特色数据库内部的资源库涉及对各种资源库的基础信息进行精确管理和维护，包括对视频库、图片库、文档库等多类型资源库的详细信息，如资源库的唯一标识、名称和资源总量，进行系统性的登记和记录。为了维护系统的秩序与高效性，特色数据库系统提供了一系列关键的管理功能，包括资源库的登记、更新、删除及禁用操作，以适应资源库在其生命周期内的各种变化需求。值得注意的是，为了保证系统的连续性和数据的完整性，一旦某个资源库被正式启用，系统将不允许对其进行删除操作。

（七）资源库字段管理

在特色数据库系统中，资源库字段管理是关键的组成部分，负责维护资源库的基本属性。资源库字段分为两大类：基础性字段和扩展字段。基础性字段作为资源库的核心属性，一经设定便不允许进行修改，以保持资源库信息的一致性和稳定性。而扩展字段则提供了更大的灵活性，允许管理员根据资源库的发展和用户需求的变化进行相应的添加、属性调整、启用或禁用等操作。这种设计既保证了资源库信息结构的稳固性，又提供了适应性强、可定制化的灵活空间，使得资源库能够不断优化和更新，满足不同用户和研究方向的需求。通过精细的资源库字段管理，特色数据库能够更有效地组织和呈现资源，为用户提供高效、准确的信息检索服务。

（八）资源库表单管理

在特色数据库系统内，资源库表单管理扮演着关键角色，负责维护和管理用于资源库操作的各类表单，包括用于添加新资源、修改现有资源详情的表单等。通过实施资源库表单管理，系统能够提供添加新表单、修改已有表单，以及删除不再需要的表单等功能，从而保证资源库管理的高效性和灵活性。这一管理功能确保了资源库的信息录入和更新过程既标准化又个性化，满足不同类型资源库管理需求的同时，也优化了数据录入的效率和准确性。

二、资源管理功能

资源管理功能模块是特色数据库系统中的核心组成部分，它使得系统管理员能够根据主题对资源进行自定义的分类和分组，进而实现高效的资源组织和管理。此模块还包括对频道的基础设置、前端显示模板的配置，以及对频道内资源的综合管理。此外，它提供了全面的资源统计功能，允许对资源使用情况进行详细追踪和分析，从而优化资源配置和提高资源利用效率。通过这些功能，资源管理模块为用户提供了灵活、高效的资源检索和浏览体验。

（一）自定义分类体系管理

在特色数据库系统内部，构建一个灵活且高效的自定义分类体系对于优化资源的组织和提升用户访问体验至关重要。通过实现资源的自定义分类功能，系统管理员得以根据不同的需求和标准，如学科领域或研究主题等，创设多元化的分类方法，从而使资源的检索和利用更加便捷和直观，这种分类不仅服务于学术研究的深入，也极大地方便了用户的具体访问和使用。具体来说，特色数据库系统提供了全面的分类管理功能，允许管理员进行分类的新增、编辑和删除操作。在进行删除分类之前，系统需确保待删除的分类及其所有子分类下不含有任何资源，以避免数据的遗失。这样的设计保证了分类体系的灵活性和系统内容的完整性，同时也为资源的精确管理和高效利用奠定了坚实基础。

（二）资源分类管理

资源分类管理在特色数据库系统中起着至关重要的作用，通过将资源准确归档到对应的分类中，增强了资源的可检索性和用户访问的便捷性。这一过程主要通过两种方式实现：一种是可以在资源下载阶段直接按照既定的分类进行组织；另一种是对已有资源进行后续的分类工作。在操作层面，资源分类管理的核心功能包括为特定分类添加新的资源以及从分类中移除不再适宜的资源。

（三）资源分组管理

在特色数据库系统中，资源分组管理功能允许将不同类型的资源根据特定主题进行归类分组，提高资源的组织效率和用户检索的方便性。每种资源可以被归入一个或多个相关的分组中，而每个分组又能包含不同类型的资源。系统提供了全面的管理工具，包括添加新的资源分组、更新现有分组信息、删除不再需要的分组或者根据需要禁用某个分组等操作，从而使资源分组更加灵活和多样化。

（四）频道管理

在特色数据库系统中，频道管理作为资源展示的核心功能，扮演着将资源以直观、有序的方式呈现给用户的重要角色。频道按照不同的主题或课程进行划分，每个频道下可进一步细分为多个级别，形成一个层次分明的分类体系。这种多级频道设计不仅方便用户快速定位到特定类型的资源，例如，将一个学术会议的所有视频资料整合到一个独立的频道中，使得资源的组织和管理更为高效。每个频道的基础设置包括频道名称、所处的级别、用于前端展示的模板等，通过精心设计的频道管理功能，管理员能够轻松地添加新的频道、更新频道信息或自定义频道的显示模板，以满足不同资源展示的需求。

（五）频道显示模板设置

在特色数据库系统中，频道显示模板的设置允许管理员通过使用前端页面模板来定制和控制资源展示的方式和风格。这些模板使得页面的显示效果可以根据需要轻松调整，提高了系统的灵活性和用户界面的可定制性。管理员首先利用如 Dreamweaver、Editplus 等页面编辑工具来设计页面的源文件，随后通过系统的管理界面上传和应用这些设计好的模板。该过程不仅简化了页面显示风格的更新和修改工作，也使得每个频道能够拥有独特的视觉效果，进而优化用户的浏览体验。系统提供的模板添加和修改功能进一步增加了管理的便捷性，确保了前端展示的多样化和个性化，满足不同频道和内容需求的特定展示要求。

（六）频道资源管理

频道资源管理是特色数据库系统中对于资源组织和展示的关键功能，它涉及在特定的频道分类体系下，对所包含的各类资源进行有效管理。这一管理功能确保了数字资源能够以一种集成化的方式被用户所访问。在这个体系中，单一资源有可能被归入多个不同的频道中，同样地，一个频道中也能包括来自多个类别的多种资源。后台的频道资源管理工具提供了添加新资源到指定频道、从频道中移除资源，以及对频道内资源显示顺序进行调整的能力。这些功能的实现使得管理员能够根据用户需求和资源特点，灵活地组织和调整资源的展示方式，从而优化用户的检索和浏览体验。

（七）资源统计分析功能

特色数据库系统中的资源统计分析功能是一个复合型工具，旨在通过多维度的数据收集与分析，为系统管理和优化提供决策支持。这一功能涵盖了资源数量的统计、资源存储的监测、资源著录的分析、资源分类与分组的统计，以及资源访问的追踪等多个关键方面。具体来说，资源数量统计功能能

够揭示各资源库内部资源的数量和存储空间的占用情况，以及存储空间的分布状态，从而评估资源库的容量与资源分配的合理性。资源存储统计不仅关注存储空间的大小和分布，还关注文件类型分析，以便实施有效的存储空间管理和预警机制。通过资源著录统计，系统能够监控已著录与待著录资源的数量，并分析著录人员的工作量，为资源著录任务的合理分配提供数据支持。资源分类统计和资源分组统计则从分类体系和分组角度，细化资源的统计分析，帮助管理员了解资源的分布和结构情况。资源访问统计则关注资源的使用情况，反映资源的受欢迎程度和用户需求，指导资源建设的方向。

在呈现这些统计分析结果时，系统采用了多样化的展示方式，包括直观的 HTML 页面表格、图形化的二维或三维图表，以及动态的 Flash 展示，使得统计数据更加直观易懂，支持管理者和用户快速理解和把握资源的使用情况和系统的运行状态。这种全面而细致的资源统计分析功能，为特色数据库的持续优化和精准决策提供了坚实的数据基础。

三、外部资源采集管理

特色数据库系统的外部资源采集管理功能是一个综合性模块，专门设计来从互联网和其他异构系统中自动收集和整合各类信息资源。这一模块通过高度定制化的收割参数，能够精确地执行网络信息、博客、视频，以及其他平台的数据抓取任务，从而丰富数据库的内容资源。

系统允许用户根据自己的需求定制化设置收割参数，这些参数涵盖了从资源的种类、服务器配置、数据格式、文件大小、发布时间、数据来源等多个维度。通过这种方式，确保了采集过程的针对性和有效性。同时，用户还可以自定义关键词，并利用这些关键词构建复杂的逻辑表达式，以更精准地定位和抓取目标信息。

系统提供了多个专项功能以针对不同类型的网络资源进行定制抓取，包括网站信息、博客内容、视频资源等，甚至可以从其他异构系统中收割元数据，并采取适当的技术方案实现资源的迁移和整合。其中，自动排重功能确保了新收集的数据与系统内已有数据之间不会重复，从而保持了资源库的质量和准确性。通过这一功能模块的实施，特色数据库系统能够有效地扩展其资源范围，同时确保所收集的信息资源既丰富多样又具有高度相关性，大大增强了系统的服务能力和用户体验。

四、视频库管理

视频库的管理流程包括对视频进行上传、加工、著录、审核、发布、播放等。

（一）视频上传

视频上传是网络应用中一项重要的功能，使得用户能够通过自己的浏览器将本地的文件上传到远程服务器进行统一管理。这种上传机制是许多系统中不可或缺的一部分，它支持各种文件的存储和管理，并具备高效处理资源的能力。以下是该功能的几个关键方面的详细介绍。

第一，系统支持单个文件的上传。用户可以直接通过自己的浏览器选择文件，然后上传到服务器上。这种方式简单快捷，适用于不需要批量处理的情况。

第二，系统还提供了批量上传功能。这使得用户可以一次性上传多个文件，特别适合需要处理大量数据的场景。此功能通过优化的文件传输协议来加快上传速度，确保大文件的上传既快速又稳定。

第三，系统还支持压缩文件的上传及自动解压功能。用户可以上传压缩格式的文件包，服务器接收到文件后会自动解压，节省传输时间和存储空间。

第四，文件上传时系统会根据当前服务器的负载自动选择最优的存储服务器，或者用户可以指定特定的服务器。这种分布式存储分配机制有助于均衡负载，提高存储效率和可靠性。

在资源上传过程中，系统也设计有容错机制。例如，如果单文件上传失败，由于文件未被服务器存储，系统会标记为上传失败，不会进行进一步处

理。对于批量上传，如果部分文件已成功上传而其他文件未上传成功，系统将不会重复上传已成功的文件，并会显示未成功上传的文件列表，帮助用户完成剩余文件的上传。对于压缩文件，如果上传未成功，服务器将不会进行解压，也不需要其他特殊处理。

总之，视频上传及其他资源的管理是确保数据流畅传输和有效存储的关键。通过这些功能，系统能够提供一个稳定、高效且用户友好的文件上传解决方案。这些功能的集成，不仅提升了用户体验，也增强了数据处理的安全性和便捷性。

（二）视频加工

视频内容在现代教育中发挥着至关重要的作用，尤其是在多媒体教学资源的开发和应用上。为了适应不同的播放环境并保护知识产权，专门的数据库系统需对视频进行一系列的处理和优化。这些处理功能确保了视频在各种设备上能够流畅播放，并有效防止未经授权的使用和传播。

第一，针对不同来源的视频文件可能存在的格式多样性，如 AVI、MPG、RMVB、DAT 等，系统需要将这些视频转换成统一的 FLV 流媒体格式。这一步骤在服务器端完成，通过高效的视频转换技术，确保视频在网页和移动设备上能够兼容并高效播放。

第二，考虑到高分辨率视频文件的大尺寸可能会造成播放时的卡顿，特别是在带宽有限的网络环境下，系统还会对视频的分辨率进行调整。这不仅使得视频文件更加适合网络传输，也优化了用户的观看体验，确保视频播放流畅且一致。

第三，系统还提供了视频截取功能。在教育视频中，常常需要将长视频切割成多个短片段进行具体教学点的解释。这项功能允许操作者根据需要手动选取视频中的特定部分进行剪辑，以便更精确地传达教学内容。

第四，为了防止视频内容的未授权使用，视频加盖水印是一个常用而有效的手段。系统能够在视频中嵌入自定义的水印，这些水印在播放时可见，但不影响观看体验。通过这种方式，可以有效地标识视频版权归属，同时防止其被盗用。

第五，视频截图功能是视频管理中的另一重要工具。系统支持自动截图和用户指定时间截图两种方式，允许精确捕捉到视频中的关键画面。此外，用户还可以上传自己制作的截图。这些截图不仅用于视频内容的预览，也可作为教学资源的一部分，以图像的形式展示关键信息。

通过这些综合性的视频处理功能，不仅提高了系统教学视频资源的可用性和兼容性，也增强了内容的安全性和教育有效性。这样的处理保障了视频资源能够在多种教学场景中得到有效利用，同时也保护了内容创作者的劳动成果。

（三）视频著录

视频资源管理是一个涉及精细描述视频各个方面特性的复杂过程。从元数据管理的视角出发，这一过程关键在于详尽地记录视频的内在和外在属性，这些属性有助于揭示视频的基本信息和内容细节。在教育视频的管理系统中，维护这样的记录是极为重要的，系统中的视频著录功能可以详细说明。

系统支持对单个视频进行著录。这种类型的著录作业集中于一个单一的视频资源，通过分析其表面信息和内容来填写视频的各项数据字段。这些字段通常预设在视频资源库中，著录任务就是填充这些预设字段以完善视频资源的描述。

系统还提供了视频资源的批量著录功能。这一功能适用于处理一组具有相似特征的视频资源，如同一学术会议的记录或同一课程的教学视频。在进行批量著录时，可以共享这组视频的公共属性，如举办时间、主办单位和来源等，从而高效地完成多个视频的著录工作。

视频分节著录是另一种详细而复杂的著录方式。它旨在对视频中的不同章节或片段进行单独描述。视频资源可能包含多个独立的节目或段落，分节著录允许管理员对这些单独部分进行详尽描述。这不仅有助于更好地管理视

频内容，还能通过视频编辑功能，从原始视频中提取特定的片段，生成新的子视频资源。通过这些功能，视频管理系统为用户提供了一套全面的工具，以支持从单个视频到视频系列的广泛著录需求。

在视频著录系统中，为了优化工作流程和提高工作效率，系统设计了几项关键的管理功能。

系统通过一个任务分配机制，确保每一段未处理的视频能被合适的工作人员接手。此外，这一功能还允许管理者跟踪和审查著录进度，确保质量和效率。

系统为著录人员提供了一个专门的界面，通过这个界面，著录人员可以登录并直观地查看到分配给自己的任务列表。在这个列表中，著录人员可以按顺序完成每一个视频的著录工作。

系统还设有视频信息修改功能，允许用户对已经著录的视频资料进行后续的修正和完善。这些功能的综合应用，大大提升了著录工作的系统性和专业性，确保了信息的准确性和操作的便捷性。

（四）视频审核

在视频管理系统中，视频审核是确保资料准确性和完整性的关键步骤。此环节涉及多个重要的审核标准，包括验证视频的基础信息是否齐全、文件本身是否无误，以及资源的分类是否得当。管理员在这一环节扮演着核心角色，他们负责最终决定某个视频资源是否满足发布标准。当视频资源在初次审核中未能通过时，相关的著录或操作人员需要对指出的问题进行相应的修改。这一修正过程完成后，资源需重新提交审核。为了提升审核效率，系统特别设计了单项和批量审核两种功能。单项审核允许管理员聚焦于特定的一个视频资源，进行详尽的检查；而批量审核则支持同时处理多个资源，大大提高了工作效率。通过这样的审核机制，不仅确保了信息的准确无误，也优化了资源的管理流程。

（五）视频发布

在视频资源管理系统中，发布环节是将审核通过的视频内容向用户开放的关键步骤。管理员在这一环节中有权决定哪些视频资源可以被公开。只有那些得到正式发布的视频，注册用户才能够访问和观看；相反，那些尚未发布的视频则对注册用户保持不可见。系统中的视频发布功能包括多个方面：一是视频的发布操作，允许管理员将选定的视频内容发布到平台上；二是取消发布的选项，这一功能可以随时撤回已经发布的视频，使其重新变为不可见状态；三是视频的发布顺序调整，以确保内容的展示按照特定的优先级进行。这些功能的整合不仅为管理员提供了灵活的操作空间，也确保了平台内容展示的有序性和专业性。

（六）视频播放

在视频资源管理系统的播放功能中，系统展示了每个视频的详细著录信息，并通过集成的 Flash 播放器控件来播放视频内容，从而实现流媒体传输。系统采用了 Red 5 流媒体服务器技术，确保通过任何支持的浏览器都能顺畅播放视频。这种技术布局允许用户在不下载视频文件的情况下在线观看视频，从而有效保护了视频内容的版权和安全。系统中的视频播放安全措施主要包括两部分：首先，利用流媒体技术阻止视频被直接下载。这一策略通过不暴露视频的实际存储地址来防止未经授权的访问和下载。其次，系统在 Flash 播放器中嵌入特定代码，以控制客户端的观看权限，这意味着只有满足特定条件的用户才能观看视频，进一步增强了视频内容的访问安全性。此外，管理员可以对视频播放顺序和访问权限进行调整，确保内容展示的逻辑性和合规性。这些控制措施结合使得系统不仅提供了高效的视频播放服务，同时也确保了高水平的安全保护。尽管对于其他媒体类型的管理策略在此未详细说明，但整个系统的设计旨在提供一个全面且安全的视频播放和管理环境。

五、检索功能

在特色数据库系统中，除了支持按照不同分类浏览外，系统还配备了先进的搜索功能，使用户能够迅速定位所需的资源。这一系统包括多种检索选项，使得用户可以通过以下多种方式快速准确地找到所需的信息或资源。

（一）简单检索

特色数据库系统提供了一个直观的简单检索工具，允许用户通过指定的字段来查找资源。在使用这种搜索方法之前，用户首先需要选定一个具体的资源库，以及希望查询的字段。这种方式的特点是检索范围较为明确，可以有效地定位拥有特定特征的资源。简单检索因其字段限定性强，使得结果更加精准，极大地提高了查找效率。

（二）高级检索

在特色数据库系统中，高级检索功能提供了对资源的多维度查询能力。用户在开始高级检索时必须首先确定一个特定的资源库以及该库中的多个查询字段。这种方法通过同时限定多个字段，使得检索的范围和精度都超过了简单检索。高级检索允许用户从多个角度综合考虑，深入分析资源的各种属性，从而实现更加精确和全面的搜索结果。

（三）单库全文检索

特色数据库系统中的单库全文检索功能使用户能够对选定的某一资源库进行深入的文本分析。在使用这种搜索方式前，用户需要明确选择希望进行全文检索的资源库。这种方法通过对库中重要字段的全面扫描，能够找出所有与输入关键词相关的资源，从而提供广泛且详尽的搜索结果。单库全文检索的操作简单，不需要用户具备高级的检索技巧，使得查找过程不仅精确而且对用户友好。

（四）跨库全文检索

在特色数据库系统中，跨库全文检索功能提供了一种强大的搜索机制，允许用户同时查询多个指定的资源库。在启动这种检索前，用户需先设置希望包括在搜索范围内的资源库。这种方法通过对各选定资源库的关键字段进行全面的文本搜索，可以非常全面地挖掘出与搜索关键字相关的各类资源。跨库全文检索特别适用于需要从多个资源库中快速获取信息的场景，极大地简化了用户的搜索过程，提高了检索效率。

（五）热点检索

特色数据库系统中的热点检索功能依据用户查询的频次来推荐热门教学资源。这一智能化功能通过分析用户的检索行为，自动识别并推荐当前最受关注的教学内容。

（六）相关检索

在特色数据库系统中，相关检索功能采用了基于教学本体的技术，通过对用户查询进行智能化分析，给出相关性高的搜索结果。

六、用户交互功能

用户界面的设计质量是评估数据库系统整体体验的关键因素。为了提升用户满意度和效率，系统界面包括多个特定功能：辅助用户进行著录和审核、允许用户发表并管理评论，以及管理标签和收藏。这些工具的集成不仅方便了用户操作，也使得收集用户反馈和追踪需求变得更加高效。通过这种方式，系统可以更好地根据用户反馈进行优化，进而构建一个更加高效和用户友好的数据库环境。

（一）用户辅助著录功能

在特色数据库系统中，特设了一个用户辅助著录功能，让注册用户可以直接通过前台的用户界面参与到资源信息的编辑和更新中来。这一功能专门授予注册用户，使他们能够协助管理员更新和维护资源库中的基本信息。通过这种方式，用户不仅参与到数据库内容的丰富和精确度提升中，也增强了系统的动态更新能力。

（二）用户辅助著录审核

在特色数据库系统中，对于用户参与的辅助著录内容，设有一项必要的审核流程。当注册用户通过前台界面提交了资源信息的修改建议后，这些提交必须经过管理员的严格审查。管理员负责验证这些辅助著录内容的真实性和准确性。如果这些内容经审核确认为可靠且符合标准，则会替换原有的著录信息；反之，如果内容不符合要求，则这些修改建议将被舍弃。此审核机制确保了数据库信息的质量和可靠性，防止了错误或不当内容的入库，同时也保护了数据库的整体完整性。

（三）用户评论

在特色数据库系统中，提供了一个专门的用户评论功能，允许注册用户在浏览教学资源后留下自己的评价和观点。这项功能专属于注册用户，他们可以自由发表评论，分享个人的见解和体验。相比之下，非注册用户虽然能够查看所有公开的用户评论，但他们没有权限进行评论发表。这样的设置既保障了交流区的活跃度，由真实用户的真实反馈构成，又维护了评论环境的质量和秩序。

（四）用户评论审核功能

在特色数据库系统中，用户发表的评论在公开展示之前须经过管理员的审查。这一审核流程确保了展示在前台的评论内容既合法也合理。管理员在审核过程中会仔细评估每条评论的内容，确保其符合社区准则和法律规定。如果评论内容适当且无违规问题，便会被批准显示；如果发现内容不当或违反相关规定，管理员有权进行删除处理。

（五）社会化标签管理

在特色数据库系统中，集成了社会化标签功能，也称为大众标签，这是一种允许用户对资源进行分类或个性化描述的 Web 2.0 工具。通过这一功能，注册用户可以在登录系统后，为各种资源添加自己的标签，这些标签既可以是广泛接受的分类也可以是个人的描述。这样的设计不仅丰富了资源的描述，还增加了用户互动的层次，使得资源的索引和检索更加人性化和精确。

（六）用户收藏管理

在特色数据库系统中，为注册用户提供了一个专属的收藏管理功能。用户可以依据个人兴趣将特定资源添加到他们的收藏夹中，并且这项功能仅对已注册的用户开放。系统中的收藏管理工具允许用户进行资源收藏的添加、收藏信息的编辑以及删除收藏项。值得注意的是，这些操作仅影响用户的个人收藏信息，并不涉及对资源本身的任何修改或删除。

第四节　高校智慧图书馆的资源共享

在现代信息技术的背景下，网络便利性和信息资源的数字化为资源共享提供了坚实基础。特别是在高等教育领域，高校图书馆之间的资源共享已成为发展的必然趋势。为了更高效地实现这一目标，不仅需要高校图书馆内部加强合作，还需与外部图书馆建立稳定的合作机制。本章将围绕图书馆资源共享的现状与策略进行讨论，内容涵盖资源共享的基本特点、我国在该领域的发展现状以及在大数据环境下，高校图书馆如何通过创新服务模式解决数

字资源共享的具体问题。

一、图书馆的资源共享概述

（一）图书馆资源共享的特点

当前，中国的图书馆资源共享体系主要遵循传统的链式管理模式，即以实体资源的采购、储存、上架及借阅流程为核心，辅之以文献和图书的数字化转型。随着网络和信息科技的持续进步，数字化文献的比例和重要性逐渐上升，使得资源传播的媒介更加多样化。现代图书馆不仅限于实体场所和传统网页，还包括云存储服务和移动应用等新型共享平台，这些都是信息技术整合的直接产物。在我国的图书馆资源共享领域，网络化已成为一个突出的特征。资源共享网络的广泛部署使得信息节点分布变得更加均衡，从而有效地扩大了精神文化建设的覆盖范围。此外，通过软硬件的同步发展，建立了一个多维度的图书馆共享系统。这一系统不仅增强了公民接收和获取信息的能力，还提高了资源利用效率和服务质量。这种综合性的资源共享模式体现了图书馆服务从单一媒介向多平台扩展的趋势，更加符合现代用户的需求和习惯。随着移动互联网的普及，利用移动应用进行学术资源的查询和阅读已成为常态，图书馆系统通过这些新技术提供的便利接入点，有效地促进了知识的普及和文化的传播。整体来看，我国图书馆资源共享的现代化布局，不仅加强了信息资源的可达性，也为广大用户提供了更为丰富和便捷的学习与研究环境。

（二）图书馆资源共享的现实启示

1. 努力发展图书馆联盟

为了加强图书馆资源的建设和有效共享，单一的资金和管理模式已难以满足现代图书馆发展的需求。因此，中国正在加大对图书馆联盟发展的重视，通过整合更广泛的资源和采纳国际先进的运营模式，以扩大联盟的服务范围并提升服务质量。这不仅涉及提高现有图书馆服务的效率，更包括在资金、技术和管理上的全面革新。图书馆联盟的建设需要突破传统的计划经济限制和行政管理框架，转向更加市场化和社会化的运作方式，包括开拓多元化的资金来源，如通过与私营企业、社会组织及个人的合作，探索慈善捐助、赞助，以及其他商业融资模式。这样的策略不仅能够增加图书馆联盟的财务资源，还能提升其在公共文化服务系统中的自主性和灵活性。此外，加强图书馆联盟还需促进成员间的信息共享和技术协作，通过建立统一的信息平台和服务标准，提升联盟内的资源利用效率。通过这些措施，图书馆联盟能更好地服务于广大用户，促进知识的广泛传播和文化的深入交流。

2. 完善图书馆资源建设与分享制度

在中国，图书馆资源的管理与共享大多由政府部门负责，这些活动主要依靠行政手段进行指导和控制，缺乏一个完善的法律支持系统。为了提高图书馆资源的建设与共享效率，有必要将现行的管理方式与法制建设紧密结合。通过深入分析目前图书馆资源建设的需求与挑战，制定一系列具有法律效力的规章制度，这不仅能为图书馆的日常运作提供法律依据，还能有效应对各类突发情况。具体而言，应当建立一个涵盖资源采购、整理、共享、保护等方面的法律框架。这一框架需详细规定资源的获取途径、分享机制，以及使用权限，确保图书馆资源的合理利用和长远发展。例如，可以制定专门的法律条文来保护数字资源的版权，同时确保这些资源的广泛可访问性。进一步地，这种制度化的改革还应包括对图书馆职能的重新定位，明确其在文化传播、教育促进和信息普及中的角色。通过法律手段确保图书馆能够在资源共享时维护公平性与效率，避免资源的浪费和滥用。此外，建立定期的评估和反馈机制也是提升管理科学化水平的关键。图书馆应定期提交资源建设与共享的报告，并通过独立的审计和公众参与来进行监督，确保透明度和公正性。

3. 实现图书馆资源建设与共享的可持续发展

实现图书馆资源建设与共享的持续发展，需要制定合适的发展策略。这些策略不仅要科学合理，还需体现图书馆的独特性，为图书馆的未来发展提

供明确的方向。在国际上，许多图书馆已经成功实施了旨在指导和促进图书馆联盟发展的长短期战略。这些战略帮助图书馆联盟更有效地协同工作，优化资源配置。中国的图书馆联盟在制定发展战略时，应当深入进行市场调查和需求分析，确保战略的可行性与实效性。制定这些战略时，还需考虑中国的具体国情和文化背景，从而确保策略的实用性和地域特色的结合。通过这种方式，可以促使图书馆资源共享变得更为高效，满足更广泛的用户需求。此外，中国图书馆联盟的发展战略应包括推动技术创新和服务优化的具体措施。例如，通过引进先进的数字化技术，可以极大地提升图书馆资源的可获取性和互动性，同时也能提高管理效率和用户满意度。联盟还应考虑人才培养和专业技能提升，这些都是确保图书馆服务质量持续提升的关键因素。

二、大数据下的高校图书馆资源共享

（一）高校图书馆联盟的数字资源具有大数据属性

随着高校图书馆逐步实施数字化转型，其所持有的数字资源开始显现出大数据的属性。这一转变首先得益于数字化建设的深化和 Web 2.0 环境下用户对文献资源数字化的日益增长的需求。虽然一个单一的高校图书馆的数据集可能尚未达到大数据的量级，但联合多个高校图书馆后，整体的数据资源已经积累到了大数据的量级。具体来说，高校图书馆联盟的数字资源不仅在数量上持续增长，而且在类型和复杂性上也呈现多样化。联盟中的图书馆不断积累的用户访问记录、交互数据、服务反馈等非结构化信息，构成了庞大的数据集，这些数据在适当分析和利用下，能够显著提升图书馆服务的质量和效率。随着信息技术的不断进步，用户对数字资源的需求也从简单的查询检索扩展到了对数据的深入挖掘与分析。用户不仅满足于获取信息，更期待通过数据挖掘得到更深层次的知识理解和学术洞察。因此，高校图书馆联盟必须适应这一趋势，调整和优化其信息服务策略，以更好地满足用户日益复杂的信息服务需求。为了应对这些挑战，高校图书馆联盟可以采取多种策略。

第一，可以通过集成和协同各成员图书馆的资源，形成统一而强大的数字资源库，这不仅增加了资源的多样性，也扩大了服务的覆盖范围。第二，联盟可以利用现代数据处理技术，如云计算和机器学习，对大规模数据进行有效管理和深度分析，从而提炼出有价值的信息，支持学术研究和教学活动。第三，联盟还应加强对用户行为的监控和分析，通过数据挖掘技术预测用户需求，实现个性化服务。同时，加强数据安全和隐私保护，确保用户信息的安全不被侵犯，这对提升用户信任和服务满意度至关重要。第四，高校图书馆联盟应建立持续学习和自我更新的机制，不断引入新的技术和方法，保持服务的现代性和竞争力。通过这些综合措施，高校图书馆联盟不仅能够提供量身定制的高效信息服务，还能在学术界中发挥更加核心的作用。

（二）大数据下高校图书馆数字资源共享的优势

在大数据时代下，高校图书馆的数字资源共享展现出多方面的优势，这些优势不仅促进了知识的广泛传播和学术研究的深入，也为图书馆服务的创新提供了强大的动力。以下是几个关键的优势（见图3-2）。

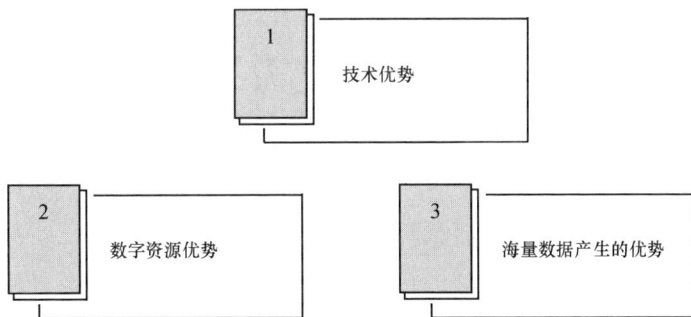

图 3-2　大数据下高校图书馆数字资源共享的优势

1. 技术优势

云计算技术在高校图书馆联盟中的应用极大地提升了数字资源的管理效率和安全性。通过这项技术，联盟能够有效地集成和优化各成员图书馆的硬件资源，实现设备的最大化利用和成本的显著降低。虚拟化技术是云计算的

核心功能之一，可使物理设备的差异被屏蔽，从而允许不同设备之间的资源共享成为可能。在实际操作中，通过虚拟化技术，联盟中的所有硬件设备如服务器、网络以及存储设施都被整合在一个统一的平台上。这种整合不仅优化了资源配置，还简化了管理流程。这种集中式的资源管理模式，不仅提高了资源使用效率，还降低了物理设备的维护成本。此外，云存储技术的应用使得散落在不同高校图书馆的数字资源得以统一整合和存储。这些资源被安全地存储在云端，通过云平台管理，不仅保证了数据的安全性，也提高了数据的可访问性。用户可以通过云服务快速访问所需的信息资源，实现即时信息的检索和使用。这种动态的资源部署方式极大地加速了信息服务的响应速度和处理能力。网络安全和数据保护也是云计算应用中的重要考虑。高校图书馆联盟通过采用先进的网络协议和严格的网络监控机制，确保云计算环境的安全性。技术管理团队负责统一的系统维护、监管和更新，保障系统的稳定运行和数据的安全。

2. 数字资源优势

在当今的大数据时代，高校图书馆联盟通过集中化的数字资源库可以实现更高效的数据分析和资源利用。虽然一个单独的高校图书馆可能仅拥有有限的电子图书、期刊、数据库、音视频资源等，不足以单独构成大数据环境，但当这些资源汇聚于整个联盟层面时，它们的总和便可达到大数据的规模。利用这一庞大的数据资源，联盟可以借助云计算技术进行高效的数据处理。云计算不仅提供了必要的存储空间，还支持强大的计算能力，使得对大规模数据集的分析成为可能。通过这些分析，联盟能够洞察各种信息趋势，识别图书馆使用中的模式和用户需求的变化。此外，数据可视化技术在这一过程中扮演着关键角色。通过将复杂的数据集转换为图形和图表，可视化技术帮助图书馆管理人员和用户更直观地理解信息，提高决策的效率和准确性。这不仅增强了图书馆服务的响应性，也优化了资源配置和服务提供。通过综合运用这些技术，高校图书馆联盟能够实现对其数字资源的最大化利用，不仅提升了图书馆服务的质量，还能预测和适应未来发展的趋势。

3. 海量数据产生的优势

在现代高校图书馆环境中，用户互动和移动技术的运用产生了大量的非结构化数据，这些数据源自各种平台，如移动图书馆服务和个性化信息服务平台例如微博。这种数据的快速增长为图书馆管理提出了新的挑战和机遇，随着这些数据的积累，高校图书馆联盟可以利用云计算技术，将散布在不同图书馆系统中的资源有效集中，建立统一的大数据环境。云计算技术的应用允许联盟不仅存储海量数据，还能进行高效的数据处理，这种技术的核心优势在于其强大的计算能力和资源的动态分配功能。通过将各种形态和结构的数字资源集成到单一的云平台中，联盟能够更好地管理和分析这些数据，从而提高服务质量和响应速度。此外，云计算的灵活性还意味着联盟可以根据需求快速调整资源分配，无论是增加存储容量还是扩展处理能力，都可以迅速响应。通过这种集中化的数据管理策略，高校图书馆联盟不仅提高了操作效率，还增强了对数据洞察的能力。这使得联盟能够更精确地满足用户的信息需求，同时也为图书馆服务的创新和发展提供了数据支持。

（三）大数据下高校图书馆数字资源共享问题的解决策略

1. 高校图书馆数字资源共享的建设策略

（1）管理层面

在大数据时代背景下，高校图书馆联盟面临着数字资源共享建设的新挑战。为有效应对这一挑战，建立一个系统化的大数据管理框架是关键。该框架应涵盖从政策制定到实际操作的各个层面，确保数据共享的可持续发展和高效运作。

第一，高校图书馆联盟需设立专门的大数据管理中心，该中心的主要职责包括制定数据共享的详细规则和标准，确保各成员图书馆在数据共享方面的统一性和标准化。此外，该中心还需负责大数据的存储管理和数据版权的处理，确保数据的合法使用和安全。

第二，每个成员图书馆都应成立相应的大数据基层管理部门，这些部门

主要负责实施联盟中心制定的大数据策略，包括数据的收集、输入、审核等基础工作。这样的层级管理结构不仅有助于提高数据处理的效率，还能确保数据质量和安全。

第三，在大数据管理中心的指导和监督下，各成员图书馆将统一进行数字图书馆的建设和管理工作。通过这种统筹兼顾的方式，可以更好地推动高校图书馆数字资源的整合与共享，从而充分发挥大数据的优势，提升服务质量和研究水平。

第四，联盟还应定期进行大数据使用和管理的评估与优化，根据反馈调整管理策略，以适应快速变化的技术环境和用户需求。这种动态的管理机制不仅有助于维护数据共享系统的活力，也是确保数据有效利用和保护的关键。

（2）技术架构层面

构建一个有效的大数据技术架构对于高校图书馆联盟至关重要，以确保从日益增加的数据量中提取并利用有价值的信息。这样的架构应该系统性地处理数据的采集、存储、管理、分析、应用等各个阶段，以支持图书馆的信息服务和知识发现任务。

大数据技术架构的基础在于数据的采集。这一层需要处理各种形式的数据，包括结构化数据（如数据库中的条目）、半结构化数据（如 XML 文件），以及非结构化数据（如文本、视频和图像）。精确而高效的数据采集是确保后续处理质量的前提。

数据的存储构成了技术架构的第二层。为了高效管理海量数据，可以采用云存储解决方案，这不仅能提供可扩展的存储空间，还能通过地理分布式的特性，增强数据的可靠性和访问速度。此外，使用 NoSQL 数据库和 HBASE 等技术可以优化大数据的存储和检索效率，适应不同类型数据的存储需求。

第三层是数据的处理，这包括数据的整合、建模、去重、加密、备份等关键操作。这一层的目的是确保数据在分析前的质量和安全，以及高效的数据流通能力。数据整合和建模是为了建立一致的数据视图，去重和加密则是为了数据的精准性和安全性。

最后一层是大数据的应用，这是技术架构中最为直接服务用户的层面。在这一层，数据挖掘和数据可视化工具发挥着重要作用，它们帮助用户发现数据背后的趋势和模式，支持决策制定。同时，通过学科化服务和知识服务，大数据技术能够更好地满足用户的具体需求，提供个性化的信息服务。

（3）建设统一的大数据平台

为了充分发挥高校图书馆联盟中数字资源的潜力，建设一个统一的大数据平台显得尤为重要。这个平台将通过集中管理和优化资源分配来提高资源利用效率，同时解决信息孤岛和数据安全等问题。

首先，大数据平台的构建应以云计算技术为基础，允许联盟内的各高校图书馆有效整合其网络和硬件资源。通过云计算，可以实现数字资源的高效采集，初期阶段包括对各高校图书馆分散存储的数字资源进行抽取和索引。

随后，这些数据将从各个图书馆逐步迁移到统一的云端存储系统中，这一过程不仅优化了数据存储结构，还增强了数据的可访问性和安全性。大数据平台的设计应采用面向服务的架构（SOA），这种架构支持按需服务和个性化信息定制。通过这一平台，用户可以根据自己的具体需求，灵活获取和定制所需的数字资源，从电子图书和期刊到各类数据库和音视频资料等。这种灵活的服务模式有助于提升用户体验，增加资源的使用频率。

此外，该平台还应提供强大的数据查询和分析工具，使用户不仅能检索所需信息，还能深入分析数据，洞察趋势和模式。这种分析能力对于支持学术研究和决策提供有力的数据支持是非常关键的。

2. 高校图书馆数字资源共享的运行策略

（1）数据运行方面

在大数据平台的运营中，数据质量是确保平台有效运作的关键因素。因此，高校图书馆联盟需要制定一套标准化的数据管理规程，这套规程将涵盖数据的采集、验证及更新过程，以保障数据的规范性、准确性和时效性。通过实施这些细致的规程，可以确保数据在整个生命周期内的质量控制，从数据源头的采集到最终的应用阶段，每一个环节都需严格管理。这不仅有助于

提高数据的可用性和可靠性，也能增强大数据平台在资源共享中的功能性和效率。

（2）技术运行方面

为确保高校图书馆联盟的大数据平台技术运行的稳定性和效率，需要对硬件、软件、数据保护等各方面进行精细管理。

在硬件设备方面，应制定合理的采购策略，选择性能优良且成本效益高的设备，并且定期进行维护，以延长设备使用寿命并确保系统运行的连续性。

此外，建立完备的灾备中心也至关重要，这不仅可以在数据丢失或系统故障时迅速恢复运行，也增强了整个系统的抗风险能力。在软件系统管理方面，应持续监控数据管理系统的性能，包括用户界面的友好程度、数据处理的便捷性和系统响应的速度。通过定期收集和分析管理者与用户的反馈，可以及时发现系统的潜在问题和改进空间，从而适时进行软件升级或更换，优化系统性能和用户体验。

数据保护则是技术运维的另一核心领域。应确保数据的安全存储和高效访问，对数据存储方案进行合理规划，采用高效的存储架构和备份策略。同时，强化数据的加密和访问控制措施，以防数据泄露或非法访问，确保用户能够快速且安全地检索和使用数据。

（3）网络运行方面

为了提升高校图书馆联盟大数据平台的网络效率和稳定性，精确的网络管理和维护策略是必不可少的。

首先，制定一个全面的网络规划至关重要，这不仅帮助优化资源分配，还避免了资源的重复投入和浪费。通过合理设计网络架构，可以确保资金和资源的有效利用，同时提升整个系统的运行效率。

此外，建立一个全面的网络监控系统是保障网络可靠性的关键措施。这种系统能够实时监测网络状态，快速识别和定位潜在的问题，从而实现问题的及时处理。这不仅减少了因网络问题引发的数据丢失风险，还保证了数据检索的顺畅和高效，极大地提升了用户的使用体验。

（4）绩效管理和评估反馈方面

为了确保高校图书馆联盟大数据平台的有效运作及其数字资源共享的持续性，建立一个全面的绩效评估和反馈机制是至关重要的。这种机制可以有效监督和评价平台的运行效果，同时协调成员图书馆间可能出现的利益冲突。

首先需要定期对大数据平台的使用情况和性能进行系统评估，包括对分析平台的数据处理速度、用户访问的便利性、资源共享的实际效果、平台安全性等方面的评估。通过这些定期评估，可以及时发现并解决运行中的问题，防止各成员图书馆因自身利益考虑而回避资源共享。

此外，绩效管理还应包括建立一个反馈机制，通过这一机制，联盟管理机构能够收集来自各高校图书馆，以及最终用户的意见和建议。这些反馈将作为改进和调整大数据平台的重要依据，帮助管理机构更好地理解用户需求，优化服务供给。管理机构还应定期发布评估报告和改进建议，这些报告和建议不仅向所有联盟成员提供反馈，还应向用户公开，以增加透明度和信任度。在发现问题时，应迅速组织相关专家和技术团队进行研究，并制定相应的解决方案，以确保平台的稳定和资源共享的有效性。

3. 高校图书馆数字资源共享的安全策略

（1）数据的安全制度建设

在大数据时代，数据安全是构建高校图书馆联盟数字资源共享平台的核心要素。为了确保数据的安全和合规，制定国家层面的数据安全法规至关重要。这些法规不仅为图书馆联盟的数字资源共享提供法律支持，还帮助明确数据安全的标准和要求。建立标准化的安全运行机制是维护数据安全的基础。通过制定具有操作性的详细规定，可以有效地减少在实际操作中由于沟通不畅导致的误解和错误，从而保证数据的安全稳定运行。此外，应定期进行数据安全检查，这不仅有助于发现潜在的安全隐患，也是预防数据泄露和滥用的重要措施。为此，高校图书馆联盟需设立专门的安全检查体系，确保所有成员机构都能遵守统一的安全标准。通过这些措施，可以在制度和技术层面上减少数据安全漏洞，为高校图书馆联盟数字资源的长期稳定发展提供坚实

的保障。

（2）加强安全监控能力建设

为确保高校图书馆联盟的大数据平台在安全性方面无懈可击，建立强化的安全监控体系是必不可少的。这涉及对平台的日常运维进行持续的监控，包括数据的传输安全、正在运行的进程，以及定期对共享数字资源进行安全扫描，确保这些资源在运行过程中的安全性。在制定高校图书馆联盟大数据平台的标准化安全政策时，应为各成员图书馆的网络节点实施严格的安全措施，以便在节点检测到安全威胁时，能够迅速将其隔离，避免潜在的风险扩散到整个网络系统中，从而保护平台的核心部分不受影响。此外，对于收集到的安全监控数据，必须进行系统的整理与分析。通过这些数据分析，可以及时发现系统的弱点和潜在的安全隐患，从而迅速做出响应，实施必要的安全措施。这种主动的安全管理策略不仅增强了平台的防护能力，也提升了联盟成员对数据平台的信任度。通过这些综合性的安全措施，可以有效地增强高校图书馆联盟大数据平台的安全防护，确保其在处理大规模数据时的稳定性和可靠性。

（3）提高数据安全防范意识

在大数据的背景下，高校图书馆联盟的数据安全防范意识尤为关键。管理人员必须认识到他们管理的数字资源不仅是学术研究的基础，更是推动学科进步的动力。因此，提高数据安全意识和责任感是保障这些资源得以科学共享和有效利用的基石。

第一，联盟中的数据管理人员需要深刻理解自己的职责，意识到数字资源的价值及其在学术发展中的作用。这些数据资源能够通过分析和评估揭示学科趋势，对学科建设产生深远影响，因此，培养管理人员的数据保护意识是必须的，这不仅包括日常的数据处理和存储安全，也包括在数据传输和共享过程中的风险控制。

第二，高校图书馆联盟应当定期为其数据管理人员提供安全培训，强化他们对数据保护的理解和操作技能。这种培训应包括最新的数据安全技术、法律法规更新以及数据隐私保护措施，确保每一位员工都能在其岗位上发挥防线的作用。

第三，高校图书馆联盟需要建立一套完善的数据管理运行机制。这包括顶层设计的完善、运行流程的规范化以及风险管理的系统化，从而保证数据资源的整合、存储和共享过程井然有序，减少安全隐患。

第四，联盟还应制定一套严格的数据建设和管理标准，这些标准旨在规范各类数据的处理流程，确保各种数字资源能够在不同的系统间安全互联，这些标准不仅有助于提高资源利用效率，也是确保数据安全的基础。

第五，建立一个功能齐全的数据共享平台是实现资源最大化利用的关键。通过这个平台，联盟可以实现数据的集中管理和优化分配，促进信息的自由流动，增加数字资源的应用价值。平台应支持多种数据类型的集成，提供高效的数据检索和分析工具，同时保障数据在交换过程中的安全性和完整性。

第四章 高校智慧图书馆服务创新模式

第一节 高校智慧图书馆知识服务模式

一、图书馆学科知识服务概述

（一）图书馆知识服务与学科馆员制度

当前，关于知识服务的学术研究尚在发展阶段，各界对于其定义见解不一，但普遍认可几个核心要素。首先，知识服务基于信息和知识的收集、组织、融合及再创新；其次，知识服务目标旨在解决具体的实际问题；最后，知识服务强调在问题解决过程中创造价值和效益。知识服务的具体应用需与服务的相关领域和目标对象紧密相关，以确保其有效性。在高等教育机构中，学科馆员制度是图书馆服务模式的一种创新实践。该制度充分利用馆员的专业背景和技能，与特定学院或部门建立紧密的合作关系。通过这种方式，学科馆员能够提供定制化的信息服务，直接支持教学和研究工作。这一模式不仅加强了图书馆与学校教研活动的联系，还加速了信息资源的流通和共享，极大地促进了教育和研究的质量提升。学科馆员通过与教师和学生的直接互动，能够准确把握他们在研究和学习中的具体需求。这种互动确保馆员能在用户探索和使用图书馆资源时提供及时的指导和支持，解决用户在查找和使用学术资源过程中可能遇到的问题，从而提高用户满意度和图书馆资源的使用效率。此外，学科馆员还可为学校的研究项目提供专业的支持服务，如文献检索、数据分析、专业咨询等，这些服务深入项目的具体内容，帮助学术团队高效推进研究工作。

（二）高校图书馆学科知识服务

高校图书馆的学科知识服务是一种专业化的服务模式，它结合了知识服务理论和学科馆员制度。这种服务方式通过集中专业人力和资源，根据不同学科的具体需求提供定制化的知识服务。服务的核心在于利用学科馆员的专业背景和图书情报学知识，支持用户在知识的获取、筛选、吸收、应用、创新等各个阶段的需求，通过系统地搜寻、组织、分析和重组相关学科的专业知识，以有效支持教师和学生的学术活动。

在实施学科知识服务的过程中，高校图书馆需要密切关注学校的学科建设动态，因为学科建设的方向和重点会直接影响到知识服务的内容和形式。由于同一学科领域内的研究和教学人员往往具有相似的研究环境、知识需求和学术习惯，因此，一个针对特定学科优化的服务模式能够更有效地满足这些用户的特定需求，从而提升服务的相关性和效果。为了构建一个有效的学科知识服务模式，高校图书馆必须不断地评估和调整其服务策略，对现有资源和服务进行定期的审视和优化，以确保它们能够紧密对接学科发展的最新趋势。此外，图书馆还应加强对学科馆员的专业培训，确保他们能够掌握最新的信息管理技术和数据分析方法，以支持高水平的学术研究和教学需求。

二、高校图书馆学科知识服务系统的构成

高校图书馆的学科知识服务系统是一个综合体，它包括几个关键组成部分：学科知识服务用户、学科馆员、信息资源库、学科知识库，以及学科知识服务平台。

（一）学科知识服务用户

学科知识服务用户，通常被视为接收和获取知识的个体或集体，主要包括高校中的教师和学生。这些用户在学科知识服务系统中扮演多重角色：他们不仅是知识的吸收者和使用者，还是促进服务提升、激发新的知识创造的推动者。在高等教育环境中，教师和学生是学科知识创新的关键动力。他们的知识需求、使用效率，以及对服务的整体满意度极大地影响着高校图书馆学科知识服务的设计和优化。通过他们的参与，高校图书馆不仅能够调整和改善现有的服务模式，还可以激励图书馆持续发展新的服务策略和技术应用，更好地服务于学术社区。此外，高校教师和学生的反馈和评价对学科知识服务的持续改进至关重要。他们的反馈提供了宝贵的意见，有助于图书馆理解哪些服务最为有效，哪些领域需要进一步投资和发展。这样的信息是图书馆评估其服务质量和用户满意度的重要资源，也是推动服务创新和提升学术支持能力的基础。因此，高校图书馆学科知识服务系统必须细致地考虑用户的详细需求和期望，确保服务设计和提供能够真正对应用户的实际应用场景，从而有效地支持他们的教学和研究工作。通过这种深入的用户参与和反馈机制，图书馆能够不断优化其服务，更好地发挥其在高校教育和研究中的核心作用。

（二）学科馆员

学科馆员在高校图书馆的学科知识服务体系中扮演着至关重要的角色。他们不仅需拥有深厚的学科专业知识，还必须熟练掌握图书馆的各项业务，以便在智能化的学科知识服务平台上为用户提供综合、全面的服务。学科馆员的工作不仅限于知识的获取和消费，他们还需在理解具体学术问题的基础上，利用并重组现有的学科知识，创造出融合个人洞见和经验的新知识产品。

随着时间的推移，学科馆员的职责已经从传统的依赖图书馆公共资源提供基本服务，转变为参与资源的构建、服务的整合、用户教育培训、维护信息服务平台、进行专业咨询等多方面任务。这种角色的转变标志着他们从单一的知识传递者成长为资源的创造者、个性化及学科化服务的实施者，以及学科特色知识库的开发者和推广者。在这一进程中，学科馆员还负责将高校的特色学科资源与服务进行有效整合，构建出一种既协调又灵活的工作模式。这样的模式不仅强化了图书馆与学术院系之间的合作，还确保了提供给教师和学生的知识服务既简便又高效，同时具备高度的个性化和专业化特征。为了实现这些服务目标，学科馆员必须持续更新自己的专业知识和技术技能，以适应快速变化的学术环境和不断进步的技术。此外，他们还需要具备出色的沟通能力和创新思维，这将使他们能够更好地理解和满足用户的需求，推动知识服务的连续改进和发展。

（三）信息资源库

信息资源库是高校图书馆中不可或缺的一部分，主要由图书馆藏、各类信息检索系统和广泛的网络资源组成。这些资源库集中了大量的文献、数据和事实等形式的显性知识，是学术研究和教学的重要基础。对这些信息的有效组织和管理是信息资源库的核心任务，通常按学科分类进行，以便于用户更精确地查找和利用相关资料。图书馆在信息资源的管理和组织方面已积累了丰富的理论和实践经验。随着信息技术的发展和知识管理领域研究的深入，传统的信息资源库正逐渐演化为更加复杂的知识库，这不仅包括了大量的显性知识，也开始融入隐性知识的元素。这种转变使得图书馆的功能不再局限于信息的简单存储和检索，而是扩展到了知识的深度挖掘和创新发现。例如，通过引入智能化技术和数据分析工具，图书馆能够更有效地进行知识组织和揭示，在帮助用户访问到所需的信息的同时，还能洞察信息背后的深层链接和潜在价值。这种基于知识的深入分析和应用，极大地增强了图书馆服务的专业性和实用性，使其成为支持学术研究和教学创新的强大工具。

（四）学科知识库

学科知识库是高校图书馆学科知识服务系统的核心组成部分，它区别于

传统信息服务，提供了一个更加深入和专业化的知识服务平台。这一库中的内容不仅涵盖了学科馆员在响应用户查询中搜集的各类显性知识，还包括通过馆员个人专业经验及信息资源库中数据所整合并创造的新的知识成果。这些知识资料经过系统的处理和优化，如分类、评估、排序等，最终被纳入知识库，随时待命以供未来的用户访问或进一步加工。

学科知识库的独特之处在于其高度的学科专业化组织，确保了知识内容精确对接用户需求。这种专业化管理不仅提高了知识的可检索性，也增强了知识服务的针对性和效率。此外，高校还可以依托自己的学科优势，建立特色学科知识库，这样不仅强化了学校的学术特色，也提高了其在特定学科领域的竞争力和影响力。

（五）学科知识服务平台

学科知识服务平台是高校图书馆学科知识服务系统的关键枢纽，它作为知识服务用户与学科馆员之间的连接点，提供了一个多功能的服务环境。这个平台可以是一个虚拟的接口，也可以是一个实际的服务系统，通过其结构化且用户友好的界面，使学科知识服务的各个要素得以整合和顺畅展示。该平台的设计和运营依赖于先进的信息技术，包括但不限于数据管理、用户界面设计、后台逻辑优化等方面。通过对这些技术的应用，平台能够有效地组织服务流程，确保信息的有序流转和高效利用。

学科知识服务平台不仅包括基本的学科知识门户、学科导航工具，还集成了 RSS 定制与推送、网络资源揭示、知识挖掘、定题知识服务等资源和工具（见图 4-1），这些工具和资源的集成使得平台成为一个需求驱动的、高度专业化且智能化的服务体系，支撑学科馆员在进行学科需求分析、信息选择、服务设计与管理等方面的工作。此外，该平台建立在一个坚实的基础之上，包括学科知识库、特色资源数据库、虚拟学科分类分馆等组成部分。它与个人数字图书馆和个性化信息环境紧密相连，为学科馆员提供了必要的工具，以便他们能够深入科研活动，实时监测并响应用户需求。通过这种方式，学科馆员能够将定制化服务无缝地整合到用户的日常信息环境中，从而实现学科化、知识化、个性化及智能化的服务目标。

图 4-1 学科知识服务平台的功能

1. 提供学科导航服务

学科导航服务是一个关键的学术资源工具，它整合并展示了各学科及其相关领域的广泛信息资源。通过构建专门的学科专业网站，此服务不仅归纳和序列化相关知识，还对这些知识进行优化处理，使得用户能够全面地了解特定学科领域内的资源。这种服务依托于高校的先进网络环境和丰富的数字图书馆资源，为主要学科领域创建了专用的学术信息导航网站。学科馆员在这个过程中发挥着核心作用。他们利用自己的专业知识和技能，精心挑选和组织学科相关的高质量数字资源，建立起指向这些资源的导航系统。这些专业网站使得学科内的研究人员和学者能够便捷地访问网络上的广泛信息资源，快速掌握学科的最新研究动态和前沿进展。此外，学科导航服务不仅提升了资源的可访问性，还优化了用户的检索效率，使用户在研究和学术探索中节省时间，更加专注于内容分析和学术创新。通过这样的服务，学科馆员不仅是信息提供者的角色，更是学术研究和教育活动的促进者。

131

2. 提供网络资源

在数字化时代，高校图书馆扮演了关键的角色，特别是在整理和提供学术资源方面。这些图书馆的一个主要职责是开发和维护一个学科导航系统，这个系统能够帮助用户高效地访问和利用广泛的在线学术资源。为实现这一目标，图书馆采取了一系列精细的步骤来筛选和评价互联网上的信息。首先，图书馆利用强大的搜索引擎技术，在互联网上进行全面的信息搜寻。这一过程包括识别和选择那些提供高质量学术内容的网站。一旦选定了这些资源，图书馆便会下载并对这些网页内容进行系统的分类和标记，确保信息的易于访问和使用。接下来，每个选中的网站都会被仔细评估并链接，以确保它们的实用性和相关性。图书馆会创建有效的链接和注释，这些链接不仅是单一的信息点，而是形成了一个互联、互通的信息网络。此外，每个资源都会按照一致的格式进行描述，以保持信息的标准化和一致性。这种描述不仅包括基本的网站信息，还包括对其内容质量、可信度和适用性的公正评估。最终，这些精心挑选和整理的资源会被汇总在一个学科导航库中。这个库不仅方便用户浏览和检索，也反映了图书馆在知识管理和资源优化方面的专业能力。通过这样的系统，图书馆确保了学术界能够快速找到和利用那些重要的学术资源，从而支持教育和研究工作的高效进行。因此，这种学科导航系统不仅提升了信息的可获取性和可操作性，还强化了图书馆在知识传播和学术研究支持中的核心地位。

3. 提供学科知识挖掘服务

学科知识挖掘服务是一种高级的内容分析方法，旨在从广泛的资料中提取有价值的知识。这项服务通过结合定性和定量的分析手段，探索并揭示数据中隐藏的深层知识，是现代图书馆信息服务的重要组成部分。这种服务的核心在于使用先进的数据处理技术来发掘和创造新知识，特别是揭示不同知识点之间未曾发现的联系。在实施过程中，依赖于人工智能和机器学习技术的支持，如特征提取、数据分类、数据聚类、关联规则的建立等，这些技术帮助系统有效地从大量数据中识别出关键信息和模式。图书馆工作人员或学科专家首先会根据用户的具体需求来设计和调整知识挖掘的策略。具体操作包括对海量资讯资源的收集和筛选，以保证输入数据的质量和相关性。随后，通过算法对这些数据进行细致分析，从而提取出有用的知识。整个过程中，不断优化的算法能够更精确地进行知识的挖掘，提高知识发现的准确性和效率。完成知识的挖掘后，所得成果将向用户提供，以满足其学术或研究需求。此外，通过对用户反馈和满意度的评估，图书馆能够进一步优化服务，确保所提供的知识能够有效地支持用户的学习和研究活动。

4. 提供定题知识服务

在高校环境中，定题知识服务成为了图书馆提供的一种高度专业化和个性化的服务形式，专门为满足具体研究项目的需求而设计。这种服务是一种积极主动的信息支持系统，旨在全面配合学术研究人员和学科专家的特定课题和需求。

高校图书馆的专业馆员首先会与研究团队进行紧密的交流，详细了解其研究项目的主题、目标、预算，以及其他相关细节。这种深入的了解使馆员能够精确制订服务计划，包括为特定研究课题建立专门的检索策略和定题服务数据库。此数据库不仅包括相关的文献和研究资源，还会定期更新，以提供最新的研究成果和相关信息，确保研究团队可以获取到前沿的学术资源。此外，通过定制的推送服务，研究人员可以持续接收到与他们的研究课题密切相关的更新资料，包括新兴的学术论文、重要的会议信息，以及其他相关的网络资源。这些信息不仅支持了科研工作的各个阶段，从项目启动到成果评审，还助力于课题研究的深入和知识的创新。图书馆通过这种定题知识服务，极大地提升了对研究团队的支持能力，使其在科研项目中能够更加高效和系统地获取必需的信息资源。这不仅优化了研究过程，也提高了研究成果的质量和影响力。

5. 简易信息聚合

简易信息聚合（RSS）全称为 Rich Site Summary 或 Really Simple Syndication，是一种利用 XML 技术实现的内容发布协议。它允许内容提供者将更新的信

息迅速且自动地分发给订阅者,极大地简化了信息获取的过程。用户通过订阅特定的 RSS 源,可以在不直接访问原网站的情况下,通过 RSS 阅读器接收到最新发布的内容。这项技术在学术和研究领域尤为重要,因为它能够帮助学者和研究人员保持对最新学术动态的跟进。通过集成 RSS 技术,学科知识服务平台能够提供一个高度自动化和个性化的信息服务系统。这一平台集合了多种技术和资源,不仅推送最新的学术文章和研究报告,还能根据用户的具体需求提供定制化的信息。用户一旦设置好自己的偏好和订阅的主题,便可以接收到与他们研究领域紧密相关的内容更新。这种方式不仅为用户节省了宝贵的时间,也使他们能够及时了解学术界的最新发展,增强了研究效率和深度。

三、高校图书馆学科知识服务模式构建

高校图书馆的学科知识服务是一种特殊形式的图书馆服务,它在传统的参考咨询基础上进行了扩展和深化。这种服务模式强调了服务内容的专业化和个性化,以适应高等教育中学科研究的具体需求。具体来说,高校图书馆学科知识服务与传统图书馆的参考咨询服务程序主要在以下五个方面有所不同。

(一)知识服务用户的提问

在高校图书馆中,学科知识服务作为一项重要功能,为师生提供了多样化的信息获取方式。用户根据自己的需要,可以选择不同的路径来解决学术问题或满足信息需求。首先,用户可以独立利用图书馆的信息资源库进行资料检索。这一途径允许用户自主访问丰富的数据库和电子资源,以寻找和获取相关的学术资料和数据。通过这种方式,师生能够迅速地获取大量的参考资料,有效支持其学术研究和课程学习。其次,学科知识库提供了更为专业化的资源,这些资源针对特定学科领域进行了深入的整理和归类。使用学科知识库,用户能够找到更精确的学术作品和研究报告,这些资源往往是经过

专家筛选和推荐，更符合高级学术研究的需求。最后，与学科馆员的直接交流则是一种更为互动的服务方式。用户可以直接向馆员描述自己的研究问题或信息需求，馆员根据其专业知识和经验，提供个性化的指导和建议。这不仅包括推荐合适的资源，还包括提供研究方法的指导或者是如何有效利用图书馆资源的策略。此外，馆员还可以帮助用户获取难以直接检索到的资料，或是制作特定的知识产品以支持用户的学术项目。这三种服务方式各有特点，但都致力于提高用户的研究效率和学术成果的质量。在用户选择与学科馆员进行交流的情况下，其整个咨询过程本身就构成了一个完整的知识服务体验。通过这样的服务，图书馆不仅作为信息的提供者，更是学术交流和知识创新的促进者。

（二）学科馆员确定用户需求

在高校图书馆的学科知识服务中，学科馆员扮演着至关重要的角色，特别是在准确把握和满足用户需求的过程中。这一过程从用户通过学科知识服务平台提出问题开始。首先，图书馆系统会根据问题的内容和涉及的学科领域，安排合适的学科馆员介入，确保提问能够得到专业且准确的回应。学科馆员的任务是通过直接沟通，精确理解用户的问题。他们会与用户进行细致的对话，以确认问题的具体细节和用户的基本需求。这种对话帮助馆员揭示用户可能尚未完全意识到的需求，或者是用户难以明确表达的复杂需求。例如，一名研究生可能对特定理论的应用感到困惑，但他们可能未能清楚地表达出对此理论更深层次应用的需求。除此之外，学科馆员在交流中使用的技巧和方法也非常关键。他们利用专业知识和经验，通过提问和引导的方式，帮助用户更清晰地界定和表达自己的研究方向和信息需求。这种探索性和尝试性的服务方式有效地补充了计算机系统在处理模糊不清的用户需求时的局限。此外，学科馆员与用户的有效沟通不仅有助于确定服务的具体内容，还是选择合适知识服务工具和策略的基础。良好的沟通能够确保馆员为用户提供最恰当的资源和服务，从而最大化满足用户的学术需求，支持其研究工作的深入发展。

（三）学科馆员提供知识服务

在现代高校图书馆中，学科馆员的角色至关重要，尤其是在对用户查询进行分析和满足其知识需求方面。整个过程始于确定用户的提问和需求，之后学科馆员将这些需求转化为具体的服务行动计划。首先，学科馆员需通过对话和分析来深入理解用户的问题，这不仅是重述用户的询问，更是对其背后需求的挖掘。一旦明确了这些需求，学科馆员则根据问题的性质选择最合适的解决策略。

为了更有效地服务不同层次的用户，学科馆员提供了多样化的知识服务，具体包括以下几种。① 学科资源建设。针对特定的学科领域和研究主题，与相关学院和部门紧密合作，开发和优化专用的学术资源。② 信息检索代理服务。为用户执行高级的信息检索任务，解放研究人员从繁琐的信息搜集工作，使其能更专注于核心的学术活动。③ 学术信息交流管理。组织和管理各类学术交流活动如研讨会、讲座和会议，提供一个促进学术交流和知识传播的平台。④ 信息素养和技能培训。提供培训和教育服务，帮助用户提升他们的信息检索和处理技能，以更有效地利用图书馆资源进行学术研究。通过这些策略和工具的运用，学科馆员不仅回应了用户的即时查询，更通过深度参与支持了用户的长期学术发展，极大地提升了图书馆在学术研究中的作用和价值。

（四）知识服务用户的意见反馈

在高校图书馆的学科知识服务体系中，用户的反馈起着至关重要的作用。这种反馈机制不仅评估了服务的效果，还是不断改进和优化服务流程的关键。当学科馆员向用户提供了所需的知识资源后，用户将根据服务的效果给出反馈。这一反馈可能是肯定的，表明所提供的资料或解决方案满足了用户的需求，从而使得该次服务圆满结束。然而，如果用户对结果表示不满，就需要学科馆员重新审视用户的初始需求，通过进一步的询问和交流来提升服务质量，确保能够更准确地满足用户的需求。用户的这种反馈被视为评价学科知识服务质量的重要指标。通过搜集和分析这些反馈，图书馆能够获得宝贵的信息，了解服务流程中的优势和不足。这种评价不仅帮助图书馆确认哪些做法有效，还指出了需要改进的领域。此外，这些反馈信息对于图书馆服务的持续改进至关重要。它们成为调整服务策略、优化资源配置和改进用户交流方法的基础。通过对这些反馈的仔细分析和应对，图书馆能够不断提升其服务质量，确保其服务更加贴近用户的实际需求，同时也推动了学科知识服务系统的整体发展和完善。

（五）学科知识库的管理

在高校图书馆中，学科知识服务不仅在提供即时的信息解答上发挥作用，更在持续的知识管理和积累中体现其深远的价值。虽然对用户而言，问题的解答标志着服务的结束，但对图书馆而言，此时才是知识管理工作的开始。管理学科知识库是一个复杂而系统的过程，涉及对服务过程中产生的知识内容进行分类、整理和存储，包括将解决特定问题的答案和解决方案记录下来，并依据学科分类有序地整合到知识库中。随着服务范围的拓展和学科内容的不断深化，知识库的内容也需定期更新和优化，以保持其时效性和准确性。此外，高校图书馆的学科知识库不仅包括显性的知识记录，如直接的问答和解决方案，还涵盖了与这些问题解答过程中产生的隐性知识，如策略选择、方法应用等。这些隐性知识的记录对于提高知识库的实用性和深度具有重要意义。高校图书馆的学科知识服务借助先进的信息技术和网络技术，为师生提供了一种深层次、专业化、个性化的集成服务。这种服务模式不仅能够满足科技创新的需求，也极大地适应了高校师生日益增长的个性化信息和知识需求。学科知识服务的持续优化和发展预示着它将成为未来高校图书馆服务的主流方向。通过不断积累和优化知识资源，图书馆能够为学术社区提供更加丰富和精准的支持，从而推动教育和研究工作的进一步发展。整个过程不仅强化了图书馆在学术研究和教育中的核心地位，也显著提升了其在知识服务领域的专业能力和影响力。

第二节　高校智慧图书馆移动服务模式

在 20 世纪 60 年代，麦克卢汉首次提出了"地球村"的概念，预见了全球化通信的未来。今天，这一理论在互联网的帮助下变成了现实，特别是通过云计算技术的应用，我们已经能够跨越传统的界限，实现全球范围内的信息资源共享。这种共享不再受限于固定的数据格式或编码系统，而是成为了一种流动和动态的交互过程。随着移动互联网的兴起，以及 4G、5G、WLAN 等移动网络技术的广泛应用，信息共享正逐渐转向移动平台。这一趋势由 Web 3.0 的演进、社交网络的普及和智能手机技术的快速发展共同推动。在这一背景下，社交、本地化及移动的结合（SoLoMo）作为一个概念被创造出来，它不仅代表了互联网发展的一个重要方向，也越来越多地应用于高校图书馆的移动服务。高校图书馆利用 SoLoMo 的理念，能够提供更加个性化和地理位置相关的服务，使得图书馆的资源和服务更加贴近学生和教师的日常需求。

一、移动环境下高校图书馆用户信息需求

在当前的数字时代背景下，高校图书馆的服务模式正在经历从传统以馆藏资源为中心向以用户需求为核心的重大转变。这种转变强调了对用户在移动环境下的信息需求的深入理解和响应。信息需求本质上是用户在遇到具体问题时所体现的一种需求状态，这种状态指导用户形成明确的查询请求。这一需求必须达到一定的强度，才能激发出信息动机，驱使用户通过特定行动来满足其信息寻求的目标。因此，提供信息服务就意味着要将精准整理好的信息产品，并通过便捷有效的方式传递给用户，以满足其具体的需求。

随着移动互联网的普及，高校图书馆的服务越来越多地依赖于移动平台，这不仅包括虚拟的在线服务，还涉及实体的图书馆空间服务。尽管服务方式多样，但移动信息服务的提供始终是这些服务中的核心内容。在这样的服务

模式中，图书馆需要首先准确把握和理解大学生和教师这两大主要用户群的信息需求。为了有效地满足这些需求，高校图书馆正在推行个性化的移动服务策略，包括利用移动技术来提供即时的文献检索服务、远程访问学术资源，以及定制的信息推送，使得用户无论身处何地都能轻松访问到所需资源。此外，图书馆还通过分析用户的使用习惯和偏好来优化其服务接口和功能，确保服务的个性化和用户友好性。

（一）移动环境下大学生的信息需求

在现代高校环境中，大学生们的信息获取方式已经显著受到移动互联网技术的影响。通过智能手机和其他移动设备，学生们对信息的需求不仅是即时的，还体现了对信息的即时访问能力的期望。例如，他们期望通过图书馆的移动应用即时接收到图书借阅到期提醒、图书馆通知、自习室座位状态更新，相关的招聘和就业信息等。这种便捷的移动接入不仅满足了大学生对时效性信息的需求，也极大地便利了他们对信息的主动搜寻。移动网络平台为学生提供了一种被动接受信息的途径，在日常浏览这些平台的过程中，学生们可能会遇到先前未曾意识到需要的信息，从而将这些隐性需求转化为具体的信息查找行为。此外，移动技术还提高了学生们对信息的探索能力，使他们能够更深入地挖掘自己的潜在需求。例如，通过参与在线论坛和群组讨论，他们可能会发现自己对某一学术主题的兴趣，进而寻求更多相关资源。这一过程不仅是信息的单向接收，更是一个动态的、互动的探索过程，使得学生能够更全面地利用可用的信息资源来支持他们的学术和职业发展。

（二）移动环境下高校教师的信息需求

在现代高校教育环境中，教师的角色已经从传统的知识传授者转变为理论与实践的结合者。这种转变在教师的信息需求上表现得尤为明显，他们不仅需要深入了解自己学科的最新理论和研究进展，还需要掌握相关的实践技能和最新的时事动态，以丰富和更新他们的教学内容。

随着移动网络技术的快速发展，高校教师希望能够更灵活、更便捷地访问这些信息资源。不同于学生可能更多地通过被动方式接收信息，教师更倾向于主动搜索和获取必要的数据和知识，以支持他们的教学和研究活动。这一需求的即时性尤为重要，因为快速获取最新的学术成果或时事新闻可以直接影响到教学质量和研究的时效性。为了满足这些需求，高校图书馆的移动服务平台发挥了关键作用。这些平台不仅提供传统的图书和期刊访问，更通过集成的搜索功能和定制化的内容推送，使教师能在任何时间和任何地点访问所需的专业资源和实时新闻。此外，这些移动服务还支持教师在教学过程中即时引入新的案例和数据，使课堂更加活跃和接近实际应用。图书馆通过提供这种高效、灵活的移动信息服务，不仅增强了教师的教学能力，也优化了学生的学习体验。此外，教师能够通过这些平台进行跨学科的信息探索和学术交流，进一步扩展了他们的教研视野和能力。

总的来说，高校图书馆的移动服务极大地丰富了教师的资源获取方式，使他们能够更有效地结合理论与实践，提升教学质量，并保持与学术界和现实世界的同步更新。这不仅满足了教师的专业需求，也推动了高等教育的整体进步和发展。

二、高校图书馆移动服务创新

（一）移动借阅服务

随着智能手机和移动网络的广泛普及，手机阅读已经成为许多大学生日常生活的一部分。与传统的纸质阅读和电脑阅读相比，手机阅读以其碎片化的特点，更符合现代大学生快节奏的生活方式，逐渐占据了阅读市场的主导地位。这种变化推动高校图书馆必须适应新的阅读趋势，充分利用其丰富的阅读资源，如学术论文、会议记录、专利文献等，来满足学生和教职工的需求。为了更好地服务于移动阅读用户，高校图书馆应该加强移动借阅服务的建设。通过构建一个专门的移动阅读资源保障体系，图书馆可以提供更便捷的文献访问和借阅服务，包括开发适用于移动设备的图书馆应用程序，使用户能够随时随地通过自己的手机或其他移动设备查找、借阅并阅读电子书籍和其他文献资源。此外，图书馆还可以通过增设移动兼容的自助服务系统，如自动借还书服务和在线咨询，进一步简化借阅流程和提高服务效率。通过这些措施，高校图书馆不仅能满足用户的基本阅读需求，还能在移动阅读时代中维持其核心地位，促进学术资源的广泛传播和利用。

（二）视频教育服务

视频教育一直是学习与教学的重要组成部分，传统上这种教育方式依赖于电视和计算机等设备。然而，随着 5G 网络的普及，以及家庭和公共场所 Wi-Fi 的广泛接入，视频教育的方式正在经历一场革命，尤其是通过移动设备如智能手机进行的在线视频学习，这些技术进步不仅解决了移动网络速度的问题，也优化了移动设备的视频播放性能，显著提升了用户的观看体验。在这种技术环境下，高校图书馆有机会利用其丰富的教育资源，构建一个独特的视频教育服务平台。相比于商业网站的教育视频内容，高校图书馆在视频的来源和内容质量上具有无可比拟的优势。这些视频资源主要可以分为三大类：一是涵盖广泛学科的专业课程视频，这些视频可以支持学生的学术学习和研究；二是图书馆用户培训视频，提供如何有效利用图书馆资源的指导；三是图书馆的可视化参考资讯，帮助用户获取复杂信息的直观理解。利用 5G 网络的高速传输能力，高校图书馆能够实时发布高清晰度的教育视频，确保教学内容的及时更新和信息的快速传递。这样的移动视频教育服务不仅扩展了图书馆服务的边界，也提供了一种灵活便捷的学习方式，满足现代学生和教师的学习需求。

（三）移动社交网络服务

在当今数字时代，社交网络服务（SNS）已成为连接具有共同兴趣人群的重要平台，特别是在高校环境中，它已成为学生和教师之间主要的交流和

互动方式。随着移动互联网的普及，这种交流方式更加便捷，用户可以随时随地参与到在线社区中。社交网络不仅促进了个人间的日常交流，也极大地影响了学术领域的信息传播。传统的学术成果发布途径，如期刊发表，正在被包括开放获取平台和社交网络在内的新媒体挑战。这些平台通过加速学术成果的传播，不仅增加了研究的可见度，也促进了学术成果的即时反馈和评价。此外，新兴的学术评价指标系统，如 Altmnetrics，已开始利用社交网络数据来衡量研究的影响力和学术价值，这标志着科学计量学领域的一次革命，鉴于此，高校图书馆在设计其移动服务策略时，必须考虑社交网络的重要性。图书馆可以通过整合流行的社交媒体平台，如微信和微博，提供一个更为丰富和互动的学术交流环境。通过这些平台，图书馆不仅可以发布通知和信息，还可以推广学术活动，分享最新的研究成果，甚至组织在线讨论和研讨会，增强学术社区的凝聚力。此外，引入基于位置的社交媒体服务（Local Social Mobile，SoLoMo）可以进一步优化用户体验。这种服务结合了社交网络、地理定位和移动访问的功能，使得用户可以根据地理位置获取个性化的图书馆资源和服务，如附近的学术活动和图书馆资源的实时信息。

（四）个性化推送服务

在科学研究进展到数据密集型的第四范式，即大数据时代的背景下，高校图书馆正面临前所未有的机遇与挑战。图书馆现拥有庞大的结构化馆藏数据资源及用户非结构化数据，这为提供精准的个性化服务提供了基础。随着5G 网络的逐步普及，数据传输速度的提升和容量的增加使得图书馆能够处理更多的数据，为用户提供更为个性化的服务。

个性化推送服务的核心在于利用大数据分析技术，对用户行为进行深入的分析和挖掘，从而精准地识别出用户的潜在需求。通过这种方式，高校图书馆不仅能够推送与学术研究相关的最新期刊文章、学术通知和数据资源，还能根据用户的研究兴趣和历史行为推荐相关书籍和资源。此外，高校图书馆服务的理念可以总结为"5A"服务模式,即任何用户在任何时间、任何地点,都可以通过任何设备访问图书馆的任何信息资源。移动互联网技术和SoLoMo的发展,使得这一服务模式逐步成为现实。尤其是在移动服务领域,5G技术的高速发展为图书馆服务提供了新的可能性,使得图书馆能够通过多种移动终端实时地满足用户的信息需求。尽管如此,我国高校图书馆在移动服务的普及和发展上仍然较为缓慢,多种服务模式并存,未能形成统一高效的服务体系。面对这种情况,高校图书馆需要把握移动互联网发展的趋势,提升技术敏感度和服务竞争力,开发出更符合用户需求的移动服务模式和创新内容。高校图书馆应该致力于将理论和技术应用实践结合起来,不断探索和实验新的服务模式。同时,图书馆还应加强与教育科研机构的合作,共同开发专门的学术资源管理和共享平台,以促进学术信息的开放获取和共享。

第三节　高校智慧图书馆信息共享空间服务模式

随着信息技术的飞速发展,特别是计算机、多媒体、网络和通信技术的进步,学习和信息消费的方式经历了根本变革,现代学习环境越来越侧重于协作与资源共享。在这样的背景下,高校图书馆逐渐转向以"用户为中心"的服务模式,这种模式强调根据用户的实际需求提供服务,确保信息服务活动能够有效满足用户的需求。美国高校图书馆在20世纪90年代初期领先于其他国家,开创了信息共享空间这一新型服务模式,初衷是为了支持学术研究和学习的需求,提供一个集中的场所供学生进行学术写作和编程工作。随着时间的推移,这种初步的电脑学习室已经演变为一个综合性的信息服务中心,能够提供广泛的信息集成服务,满足用户在研究、学习和协作方面的多样化需求。今天,这种信息共享空间已成为美国高校图书馆中极受欢迎的服务形态之一。它不仅是一个物理空间,更是集成了先进技术和丰富资源的学

习与研究环境，能够促进学术交流和知识创新，这为我国高校图书馆在建设类似的信息共享空间提供了宝贵的理论支持和实践经验。

一、信息共享空间的模式、原则和目标

（一）信息共享空间的模式

信息共享空间已广泛成为美国高校图书馆的核心服务形态，但关于其具体模式的研究意见不一。学术界主要分为支持两层次模式和三层次模式的观点（见图4-2）。

1. Donald Beagle 的两层次模式

Donald Beagle，一位来自美国北卡罗来纳大学的学者，于 1990 年代末首次提出了

图 4-2 信息共享空间的两种模式

"Information Commons"这一概念，从而引入了两层次模式的理论基础。该模式以数字化信息资源为环境，旨在创建一个协同工作的空间，促进用户之间以及用户与图书馆员之间的知识交流，这种交流不仅包括显性知识的共享，也涉及隐性知识的互动。在 Beagle 的模型中，信息共享空间被细分为两个主要部分：虚拟空间和物理空间。虚拟空间通过网络平台实现，用户可以通过图形用户界面（GUI）在任何连接互联网的工作站上访问数字资源，这些资源包括本馆的藏书目录和各种其他形式的数字信息。这种设置使得用户能够在任何地点高效获取所需信息，优化了信息检索和学术研究的便利性。物理空间则关注于图书馆内部的实体布局，它通过有序组织图书馆的工作站和服务设施，支持虚拟空间的运行，不仅提供适宜的阅读和研究环境，还提供技术支持和咨询服务的空间配置，确保用户在物理环境中的需求得到满足，从而补充和完善虚拟空间的功能。

2. Bailey 和 Tiemney 的三层次模式

Bailey 和 Tierney 对信息共享空间的理解涵盖三个层次：宏观、微观和

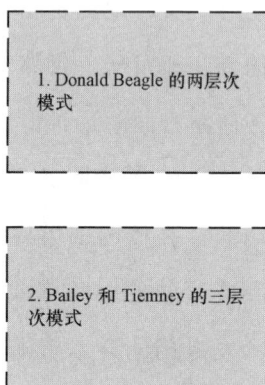

综合层面。宏观层面上的信息共享空间涵盖全球范围内的网络信息资源，这是一个广阔的信息共享领域，旨在整合世界各地的信息资源。微观层面则专注于具体的实体位置，这些场所通常装备有先进的计算机设备、外围设备及强大的软件和网络支持，形成一个技术集中的工作环境。综合信息共享空间则是将这些数字信息资源集成在一起，为教学、学习和研究活动提供必要的支持和空间。与此同时，Jim Duncan 和 Larry Woods 提出的三层次模型则从另一个角度定义信息共享空间，即物理层、逻辑层和内容层。物理层主要关注实体空间和硬件设施；逻辑层涉及软件配置、网络架构和用户接口设计；内容层则聚焦于信息资源的组织和访问。他们指出，如网络访问限制、软件许可、数据库 IP 限制等问题，可能会成为阻碍信息自由流动和共享的壁垒。

尽管各个学者在模型的具体细节上有所不同，他们共同强调的是信息共享空间的核心目的：创建一个一站式的服务环境，促进用户间的协作和学习。这些空间不仅整合了图书馆的硬件和软件资源，还包括了丰富的数字信息资源和专业的图书馆员支持，使其成为一个理想的信息检索、学术交流和协作学习的场所。

（二）信息共享空间的原则

在 2005 年的中美图书馆合作会议上，美国图书馆专家 Roberta Seal 概述了构建信息共享空间的四项基本原则。第一，普遍性，确保每台计算机提供一致的用户界面和检索工具；第二，适应性，即空间必须能够满足不同用户的需求；第三，灵活性，空间和技术应能适应不断变化的需求和技术更新；第四，群体性，强调创建一个促进合作的环境。这些原则为设计一个功能全面且用户友好的信息共享空间提供了框架，确保它能够适应未来的挑战并满足广泛的用户需求。笔者结合国外信息共享空间的理论和实践研究，认为其基本原则主要由以下三个方面构成。

1. 需求动态性

随着用户对信息获取方式变得越来越自觉，他们的需求也逐渐变得复杂和多样化。信息获取的途径已经不再局限于传统的查找和借阅，更多用户开始依靠图书馆工作人员的积极介入和建议。此外，由于学科间的相互融合和新兴边缘学科的发展，用户对信息内容的需求也呈现出多样化趋势，对服务的专业性提出了更高的要求，这种需求的动态变化对信息共享空间提出了新的挑战。为了适应这种趋势，信息共享空间需要能够快速响应用户的需求变化，运用最新的信息服务技术提供支持，利用数据分析工具预测用户需求，以及通过人工智能辅助的检索系统提高信息检索的准确性和效率。此外，信息共享空间应当为用户提供一个集成化的学习和研究环境，其中不仅包括传统的图书资料，也应包含数字化资源和多媒体内容，以丰富用户的学术资源，并支持跨学科的学术探索。这样的环境能够更好地满足用户日益增长的信息需求，促进知识的发现与创新。

2. 服务集成性

信息共享空间在图书馆中充当着一个多功能的角色，不仅支持学术研究和教学，也满足学习和休闲的需求。这种空间的设计目标是通过一体化的服务平台提供全方位的信息服务，从而实现高效的信息获取和使用。具体而言，信息共享空间应融合参考咨询、多媒体应用、研究支持、技术协助等多种服务功能，形成一个综合服务体系。这一"一站式"服务模式使得用户可以在单一的环境中完成从信息检索到内容创造的各种活动，显著提高了信息利用的便捷性和效率。例如，用户可以在这些空间内访问电子数据库、接受个性化的研究指导、利用高端多媒体工具制作学术报告，甚至参与各种技术研讨和工作坊。这种服务的集成化不仅简化了操作流程，还减少了用户在不同服务点之间转移的时间和精力损耗。因此，信息共享空间的核心在于其能够提供一个集成化的信息资源环境，支持用户在高效获取所需信息的同时，促进知识的交流与创新。

3. 知识共享性

信息共享空间是图书馆中一个创新的概念，它提供了一个平台，使用户能够满足个性化的信息需求，并在一个协作的环境中自由地交换信息。这种空间设计超越了传统图书馆服务的范畴，增设了多种互动和协作的机会，用户不仅可以与其他用户交流，还能与图书馆工作人员和技术专家直接对话，从而在多方面获取支持和信息。在这样的环境中，信息共享空间不只是信息获取的场所，更是一个知识交流和创新的中心。用户可以利用现场的各种高科技设备和丰富的网络资源，进行深入的研究和学习。此外，这种空间的设计鼓励知识的开放共享，用户可以在此基础上构建新的思想和解决方案，推动知识的边界不断扩展。

（三）信息共享空间的目标

无论采用何种模式，信息共享空间在高校图书馆的设立都旨在实现几个关键目标，以优化用户体验并提高服务效率。第一，这种空间旨在提供全面的一站式服务，这包括个性化的用户支持，从而确保用户能够根据个人需求自由访问和使用各种硬件和软件设施、多媒体资源及网络信息，这样的配置使得图书馆的各种资源得到最大程度的利用。第二，信息共享空间提供专业咨询和辅导服务，用户可以在此接受来自图书馆员、IT专家和多媒体设计师的帮助。这种服务设计反映了图书馆"以用户为中心"的服务理念，支持用户在学习和研究过程中的各种需求。第三，这一空间强调促进集体学习和研究的环境，为用户提供了合作和交流的理想场所，这样的环境不仅有助于知识的共享，还促进了学术社区内的互动与合作。第四，信息共享空间的设立也旨在培养用户的信息检索、评估和使用技能，进而提升他们的信息素养。通过教育和实践，用户可以学习如何有效地管理和利用可获取的资源，这对于他们的学术和个人发展都是至关重要的。第五，该空间还作为一种辅助工具，支持用户的学习进程和知识管理活动，从而增强他们的知识创造能力。通过提供必要的技术和资源，信息共享空间帮助用户在复杂的信息环境中找

到创新的解决方案。

二、面向集成服务的信息共享空间的构建

（一）信息共享空间的战略规划

在制定信息共享空间的战略规划时，重点应放在如何通过优化整体服务结构来提高效率，包括推动图书馆内各部门的功能协同，以及简化管理层级，采用更加扁平化的网络型管理结构。这样的组织架构有助于加强不同部门间的沟通与合作，从而提高图书馆整体的运营效率。信息共享空间的服务设计需紧密围绕用户需求进行，这意味着服务提供必须基于对多样化数字信息资源的综合整合。通过这种方式，不仅可以更好地满足用户的个性化信息需求，还能突出高校图书馆服务的独特优势。实现这一点，需要图书馆通过技术和资源的智能配置，确保信息服务的可接近性和多功能性。此外，战略规划还应包括使用先进的信息技术来支持服务功能，例如，采用人工智能和大数据分析等工具来优化资源分配和用户服务流程。这不仅能提升用户体验，还能通过数据驱动的决策支持系统，增强图书馆服务的响应性和预见性。

（二）信息共享空间的构建要素

1. 物理空间

在构建信息共享空间时，关键的一步是设计并实现一个适宜学习和交流的物理环境。这样的空间通常包括配备多媒体的电子学习教室、设有便利设施的小组讨论区、专为研究提供支持的咨询服务区，以及供个人深入研究的私密工作室等多功能区域。卡尔加里大学图书馆就是这种理念的典型应用示例，其中不仅包括一个宽敞的教学区，还有多个设计各异的合作学习研究室，这些设施极大地方便了教师教学与学生之间的合作学习，提高了教育的互动性和效果。此类空间的设计旨在创造一个功能多样且灵活的学习环境，能够适应不同用户群体的需求。从提供技术支持的电子教室到促进小组互动的讨论区，每一个细节都被精心考量，以确保能够满足从个体学习到群体讨论的各种活动需求。此外，这些空间的设计也考虑到了用户的舒适度和便捷性，旨在通过物理环境本身来激发用户的学习兴趣和创造力。

2. 资源

信息共享空间设计的一个核心目标是创建一个综合性的服务环境，其中整合了丰富的信息资源，以及先进的软硬件设施。这种空间不仅包括传统的图书和文献资源，如印刷书籍和参考工具书，也广泛配备了电子资源，包括电子期刊、电子书籍、专业数据库、多媒体内容，以及完备的网络连接设施。在硬件配置方面，信息共享空间应装备有现代化的计算机系统和通信设备，支持有线和无线网络连接，以适应不同用户的技术需求。此外，还需提供复印机、打印机、扫描仪、摄像机、投影仪等外围设备，以支持文档的制作和信息的展示。物理环境的舒适性同样重要，应配备舒适的桌椅、沙发及设施完善的休息区，这些都是提高用户体验和满足其学习、研究需求的基础设施。在软件资源方面，信息共享空间必须提供能够访问和管理电子资源的软件系统，同时配备办公和多媒体软件，以便用户可以高效地处理信息和创作内容。为了保持服务的现代性和有效性，图书馆工作人员需要定期更新这些软件工具，并根据用户的反馈和技术发展调整软硬件资源。为确保信息共享空间能够充分发挥其作用，必须不断地评估和优化资源配置。通过持续的技术升级和资源扩展，可以确保该空间不仅成为用户获取和处理信息的重要场所，还能有效地支持他们在知识管理和信息素养提升方面的需求。这种综合服务模式的成功实施，将极大提升高校图书馆的功能性和服务水平，使其成为支持学术研究和个人发展的关键基础设施。

3. 服务

在现代数字化背景下，信息共享空间所提供的服务需要融合传统图书馆功能与先进的数字服务。这种服务模式通过综合利用信息技术、资源和专业人员，旨在提供一个优化的、动态的服务体系，满足用户的广泛需求。具体而言，信息共享空间应提供一系列集成服务，这些服务不仅包括基本的文献

借阅和互借服务，还扩展到数字参考咨询、信息检索、内容发布和推送、知识导航等高级功能。此外，实时咨询和用户教育培训也是重要组成部分，旨在提高用户的信息获取能力和信息素养。在服务提供方式上，信息共享空间应实现服务的多元化和细分化。例如，信息检索服务可以包括光盘检索、联机检索、数据库检索、OPAC检索，以及利用智能代理技术的检索；而知识导航服务则可以细化为分类导航、学科导航、主题导航、资源类型导航等。通过这些专业化的服务，用户可以更方便、更精确地访问和利用所需的信息资源。此外，为了进一步提升服务质量和范围，高校图书馆应加强与其他图书馆和研究机构的合作，包括联合采购资源、共同编目、资源导航、培训等方面的合作，通过资源共享和协作网络，提高图书馆服务的整体效率和效果。

4. 人员

为有效运营信息共享空间，配备合适的工作人员是至关重要的。这些员工不仅是服务的提供者，也是确保资源和技术得到恰当利用的关键因素。信息共享空间的人员结构通常包括几个关键角色：参考咨询馆员、信息技术专家、多媒体工作者及指导教师。参考咨询馆员主要负责向用户提供关于资源利用的咨询服务，帮助用户更有效地访问和使用图书馆的丰富资料。信息技术专家则负责维护和支持信息共享空间所需的计算机硬件和软件，确保技术平台的稳定运行。多媒体工作者的角色是为教师和学生提供多媒体教学和制作的技术支持，使他们能够创建高质量的视听学习材料。指导教师则利用这些资源进行教学和研究，并提供一对一的学术指导，帮助学生在学术探索中取得进展。鉴于信息共享空间的复杂性和技术依赖性，工作人员需要具备高度的专业能力和不断学习的意愿。他们不仅需要掌握与自己职责相关的技能和技术，还需要有能力跟随信息技术的快速发展及时更新自己的知识库。此外，随着用户需求的变化，工作人员也应能灵活调整服务策略，以提供更加个性化和高效的服务。

（三）信息共享空间的效果评价

在建立信息共享空间后，进行系统性的效果评价是确保该服务长期有效运行的关键一环。为此，需要建立一个以用户为核心的服务质量评价体系，该体系应全面覆盖信息共享空间的各个关键方面，包括物理环境、资源配备、服务效能及人员表现。评价过程中，可以采用多种方法收集用户反馈，确保能够全面理解用户的需求和满意度，例如，通过发放调查问卷和在线调查的方式，收集用户对信息共享空间的具体体验和评价。这些反馈不仅反映了用户对现有服务的满意程度，还可以指出服务中的潜在改进点。此外，评价体系还应包括对服务人员的培训成效和工作表现的考核。通过分析员工的工作满意度和职业发展反馈，可以评估培训程序的效果及其对提升服务质量的贡献。员工作为服务的直接提供者，他们的能力和态度在很大程度上决定了服务的质量和效果。根据上述评价结果，图书馆管理层应及时调整和优化服务策略，包括改善物理设施布局、增强信息资源的多样性和可访问性、优化服务流程，以及加强员工培训和职业发展。这样的持续改进不仅能提升用户的满意度，也能确保信息共享空间更好地服务于学术研究和学习需求。

三、对我国高校图书馆构建信息共享空间的指导

信息共享空间在高校图书馆中之所以受到广泛关注并取得显著成效，主要归功于它贴合了学生的学习习惯和信息检索偏好。首先，尽管学生们手头不乏各种高科技电子设备，他们依然偏爱在相对安静的图书馆环境中而非喧闹的宿舍进行学术学习和研究。其次，当涉及信息检索时，学生更喜欢与图书馆的参考咨询人员进行直接交流，而不是完全依赖于在线搜索。这种偏好凸显了信息共享空间的核心价值，即提供一个既能支持独立学习又便于开展面对面咨询的环境。这些因素表明，构建信息共享空间不仅是为了提供物理上的学习场所，更是为了创建一个社交互动和知识交流的集合点。因此，高校

图书馆在设计这些空间时应确保它们既能满足学生的学习需求，也能方便学生与图书馆工作人员及其他学者之间的交流和协作。

（一）我国高校图书馆构建信息共享空间具备的条件

高校图书馆的服务焦点已经从最初的"以资源为中心"转变为"以馆员为中心"，最终演变为"以用户为中心"的服务模式。这一变化反映了图书馆在不断适应用户需求和技术发展的过程中，其服务宗旨和操作模式也在持续进化。这种演变不仅提升了图书馆服务的质量，而且也为创建信息共享空间奠定了坚实的基础。

1. 在资源建设方面

在高校图书馆的发展过程中，资源的构建和扩展一直是核心任务之一。图书馆不仅加强了传统馆藏的丰富性，同时也大力发展了网络信息资源，包括但不限于各类参考咨询服务、国内外期刊数据库、光盘数据库等，极大地提高了信息的可获取性和服务的网络化程度。这种扩展有效地突破了图书馆服务在地理空间上的限制，实现了资源的广泛共享，从而更全面地满足了师生在学术研究和日常学习中对信息资源的广泛需求。通过这些措施，高校图书馆不仅提升了自身的信息服务能力，也促进了教育资源的平等化和知识的民主化，进一步加强了其在学术支持系统中的关键角色。

2. 在馆员素质方面

为了更好地满足高等教育机构在教学和科研方面的复杂信息需求，高校图书馆正积极提升馆员的专业能力和服务水平。在此背景下，引入了"学科馆员""信息导航员""知识型馆员"等新的职业角色，旨在通过馆员的专业知识和技能为用户提供定制化的信息服务。特别是在一些知名高校如清华大学、北京大学、武汉大学和西安交通大学的图书馆，已经开始实施"学科馆员"制度。这一制度主要围绕特定学科的文献和信息需求来配置馆员资源，使馆员能够更精准地支持师生的学术活动。这种模式不仅提高了信息服务的针对性和有效性，还增强了图书馆服务的个性化和专业化，极大地提升了用户满意度。通过这种制度，馆员不仅是信息的提供者，更成为教学和研究过程中的合作伙伴，他们的工作不再局限于传统的借阅和归还操作，而是涉及到深入的学术咨询、资源推荐、知识管理等多个层面。这种转变标志着高校图书馆在服务模式上的一大进步，有效地支持了高校的教育和研究工作，也体现了图书馆在现代高等教育中不可或缺的角色。

3. 在面向用户服务方面

高校图书馆正逐步转变其服务理念，将用户需求置于核心位置，目的是为了更精准地满足用户的多样化需求。这种服务策略强调及时提供具有个性化和专门化特点的信息，以确保每位用户都能获得最相关和有价值的资源。通过实施这种以用户为中心的服务模式，图书馆能够更有效地支持学生和教师在学术研究和日常学习中的具体需求，提高服务的实用性和满意度。这不仅体现了图书馆服务的现代化趋势，也强化了图书馆在教育和研究中的支撑作用。

（二）我国高校图书馆构建信息共享空间的策略

我国高校图书馆构建信息共享空间的策略包括以下三个方面。

1. 融入信息共享空间的理念

信息共享空间已成为高校图书馆中推动知识交流和创新的重要环节。这种空间设计旨在支持学生和教师进行独立学习、团队协作及广泛的研究活动，通过提供必要的信息资源和适宜的物理环境，促进知识的生成和创意的孵化。随着教育模式的演变和信息技术的发展，将信息共享空间的理念整合进图书馆的规划和服务中已变得越来越重要。这些空间不仅是学习的场所，更是社交和学术交流的中心，能够激发用户的创造力和协作精神。为了适应这一趋势，现代图书馆在布局和服务设计上不断创新，努力营造开放和灵活的环境，满足不断变化的学术需求，包括引入先进的技术设施、灵活的家具布局和多功能的学习区域，以适应个人学习和群体讨论的不同需求。

2. 制订信息共享空间的规划

在高校图书馆的发展过程中，信息共享空间的建设是一个关键项目，其规划具有指导和决定性的作用。中国高校图书馆在这方面起步较晚，与国际标准相比，尚需加强理论和实践的深度。因此，制定这一空间的战略规划时，图书馆需要充分考虑自身的资源条件，包括现有的软硬件设施，并结合图书馆的具体情况及用户的行为习惯。

制定有效的信息共享空间规划需要综合借鉴国际上的成功案例，同时根据本校的具体需求进行本地化的调整，包括评估用户最常求助的服务类型、最需要的资源种类以及他们在图书馆内的活动模式等。此外，规划应包括对未来技术和服务趋势的预测，以确保图书馆能够适应快速变化的教育环境和信息技术发展。

3. 构建合理的信息共享空间服务体系

在构建高校图书馆的信息共享空间时，合理的服务体系设计至关重要。这一服务体系应全面考虑物理空间、资源配置、服务内容，以及人员布局四大要素，确保它们之间的有效配合与整合。首先，根据不同用户群体的需求设计不同规模的物理空间，使其既能支持个人独立学习，也便于团队协作与讨论。其次，应提供符合用户需求的多样化服务，包括但不限于信息检索、学术咨询、技术支持和专业培训，从而确保虚拟与实体空间的功能互补。随着教育技术的发展和学习环境的变化，用户对图书馆的服务期待越来越高，这要求图书馆不断创新服务模式以适应这些变化。信息共享空间作为一种新型的服务模式，不仅刷新了传统图书馆的服务概念，也为图书馆的未来发展打开了新的可能性。为了最大化地满足用户需求，高校图书馆需要在实际操作中考虑到自身的硬件设施、可用的数字资源、人员配置和管理制度等因素，灵活地进行资源整合和服务创新。例如，图书馆可以通过调整内部布局，创造更多开放和可配置的学习空间，同时利用最新的信息技术提高资源的可访问性和服务的效率。此外，培训专业的图书馆员，使其能够在信息指导、技术支持、用户交流等方面提供专业服务，也是提升服务质量的关键。

第四节　高校智慧图书馆嵌入式服务模式

在现代数字信息环境中，图书馆的服务模式正在经历一场革命，特别是在如何提供个性化服务方面。这种服务涉及利用先进的网络和信息技术来精确把握和分析用户的信息消费习惯、偏好及需求背景，目的是为用户量身定制满足其独特需求的综合信息服务。这些服务不仅涵盖服务的时间和空间安排，还包括内容形式和实质内容的个性化。在图书馆的个性化服务体系中，存在一个特定的用户群体被称为"重点读者"。这些通常是各学科的领军人物、顶尖人才或是资深学者，他们在高校的教学和科研活动中扮演着核心角色。对这类读者的服务不仅要求图书馆能够实时追踪和分析他们的文献需求，还需要图书馆通过多种渠道积极收集相关信息资源，并进行深入的分析和整理，以确保信息的及时性和准确性。个性化服务的核心在于将图书馆从传统的信息供应者转变为主动的服务提供者。这意味着图书馆需要从被动的单向服务模式转变为一个动态的、双向交流的服务模式，真正做到以用户的需求为中心。这种服务模式的创新不仅增强了图书馆与用户的互动，也大大提升了服务的相关性和效率。

一、个性化服务"重点读者"的缘起

为了提升服务质量并增强学术影响力，高校图书馆逐渐实施了以"重点读者"为核心的个性化服务策略。这种服务主要针对某些学术领域内的关键群体，如特定的学科领导者、主要专业、核心实验室、关键研究项目和核心课程的带头人。例如，临沂大学图书馆便选择了这样的战略方向，专门服务于这些学校内部的重点学术和研究集群。这种策略背后的逻辑基于三个主要原因。第一，这些"重点读者"在文献需求的广度、深度及其复杂性方面，远超一般的图书馆用户。他们需要的资料往往具有高度的专业性和针对性，普通的图书馆借阅和阅览服务很难完全满足他们的需求。第二，这些读者通

155

常是其领域内的专家和骨干力量，他们在推动学术研究和教学方面具有举足轻重的影响，通过优先满足他们的需求，图书馆不仅可以提升其学术服务效率，还能间接提高学校在学术界的声望和影响力。第三，为这些重点读者提供定制化的信息服务，包括高效的信息检索、获取、分析及整理等，可以显著减少他们在信息获取上的时间投入，从而加速研究成果的产出，促进高质量和高影响力成果的发布。

通过这种精准的服务模式，高校图书馆不仅能更有效地支持学校的教学和科研活动，还能通过这些重点读者带动整个学术社区的发展。这种以"重点读者"为中心的个性化服务，标志着图书馆服务从传统的资源借阅向深度的学术支持转型，强调了图书馆在现代高等教育体系中的战略角色。

二、个性化服务"重点读者"的做法

（一）确立条件，选定对象

在高校图书馆中，为了更有效地支持教学和科研工作，特别实施了针对"重点读者"的个性化服务项目。此项服务旨在为那些在学术和科研领域内有显著贡献或承担重要角色的个体提供专门支持。具体地说，此类"重点读者"包括几类人员：一是参与学校重点学科、专业、实验室及精品课程的关键人物；二是获得省部级及以上奖项的科研人员；三是持有博士学位或硕士及以上导师资格的教育工作者；四是那些具有突出贡献的中青年专家和顶尖人才。

为了精确确定这些重点读者，图书馆与学校的教务处、科研处和人事处紧密合作，详细调查了相关教师和科研人员的情况。一旦确定了候选人列表，图书馆便向他们发放"重点读者服务表"，只有在获取他们的同意并填写了相关表格后，这些个体才正式成为"重点读者"。对于这些用户，图书馆建立了详细的个人档案数据库，并为每位读者发放了一张电子服务卡，上面记录了他们的学科、专业、课题名称、研究方向和文献资料需求，以及个人的姓名、职称、单位、住址、联系电话、电子邮件等信息，以便图书馆提供更为精准的服务。此外，图书馆还实行了"重点读者"的动态管理制度，定期评估并更新读者名单。这一机制不仅包括对现有重点读者资格的审核，也激励年轻有潜力的学者加入此行列。同时，对于那些不再符合"重点读者"标准的人员，图书馆将其从名单中剔除，确保服务对象始终是那些最能推动学校科研和教学发展的关键人物。

（二）项目管理，定向服务

为了优化高校图书馆的服务质量并专门支持学术界的领军人物，图书馆推出了针对"重点读者"的专属服务项目。这一服务框架通过实施多个具体措施，确保能够全面满足这些用户的独特需求。

首项措施是为所有建档的"重点读者"提供特殊的"绿色"借阅证。此借阅证不仅赋予他们进入图书馆任何主要和辅助书库及阅览室的自由，还大幅提升了他们的借阅便利性。具体而言，持证者可借阅的书籍数量从标准的10册增至30册，借阅期限也从三个月延长至六个月，并且可以根据需求进一步延期。这一政策极大地方便了重点读者的长期研究和深入学习需求。其次，图书馆的采编部门为"重点读者"提供所谓的"时间差"服务。这一服务允许编目人员利用图书处理流程中的时间差异，即在书籍正式编入系统并上架前，向"重点读者"提供新书的短期借阅机会。此举不仅加快了学术前沿资料的流通速度，还增强了图书馆对学术需求的响应能力。最后，图书馆与"重点读者"保持密切的沟通联系，实时了解他们在学科建设、科研项目和专业研究方面的最新进展。特别是对于他们阶段性的文献需求，图书馆能够根据具体情况，精准地提供定向服务。通过这种方式，图书馆确保了信息服务的及时性、广泛性、精确性、快速性和新颖性，极大地支持了"重点读者"在教学、科研和其他学术活动中的高效率和高质量完成任务。

（三）信息资源，共建共享

在现代图书馆管理中，重视满足特定群体，如那些长期活跃在教学、科

研和生产前线的重点用户的需求，是提升服务质量的关键。这些用户不仅频繁参与学术会议，而且对其专业领域的最新学术进展了解透彻，因此，对文献的需求既广泛又深入，涵盖多种形式。为了更好地服务这一用户群，图书馆可以采取以下策略：首先，图书馆应当充分利用现有的馆藏资源，同时不断地补充和完善与这些用户需求密切相关的资料。可以通过建立一个动态更新的预订目录，让重点用户参与到节目的选择过程中来。他们的专业意见将直接影响图书采购决策，从而提高资源的采购质量和相关性。此外，图书馆可以为这些重点用户设定特定的采购预算，允许他们根据自身的具体需求推荐或直接购买所需的资料。这些资料在用户使用后，可以纳入图书馆的常规馆藏，以丰富图书馆的资源库。这种方式不仅提高了资源的利用率，也加强了图书馆与用户的互动与合作。在资金分配上，图书馆应当优先考虑满足这些重点用户的需求，通过各种渠道确保所需的文献资料能够全面且及时地被采集。针对这部分用户关注的学科领域，图书馆需要优先购买相关的前沿论著和论文，以保证这些用户能够获得最新的学术资源。

随着信息技术的发展，图书馆还应拓宽文献资源的形式，除了传统的纸质文献，还应引进如光盘文献、全文期刊、学位论文数据库等电子资源，以适应不同用户的需求。这样的多载体信息资源将更加有力地支持重点用户的学术研究，同时也使图书馆的资源更加丰富和完备。

三、个性化服务"重点读者"的途径

（一）馆际互借，中介服务

在高等教育机构中，图书馆扮演着知识共享的重要角色，特别是在满足专业学者即所谓的"重点读者"对学术资源的需求方面。然而，单个图书馆的藏书可能无法完全覆盖这些读者的所有需求，这时，馆际互借服务就显得尤为重要。馆际互借服务利用了信息资源网络化的优势，极大地提升了资源共享的效率和范围。例如，当某高校的重点读者需要特定的学术资料时，他们可以通过电子邮件形式，向其他高校如北京大学或清华大学的图书馆发送详细的借阅请求。这些请求通常包括所需资料的详细信息，如题名、作者、主题、关键词等。收到请求的图书馆根据提供的信息寻找相应的书籍或文献。一旦找到，这些材料可以通过邮寄服务或电子邮件的形式快速发送给请求的图书馆。完成这一过程后，所借阅的资料再由请求的图书馆通过电子邮件或直接访问的方式传递给需要这些材料的重点读者。

这种跨图书馆的合作不仅提高了学术资源的利用效率，也加强了各高校图书馆之间的合作与交流。通过这样的服务，重点读者能够及时获得他们所需的稀缺资源，进一步支持了他们在教学和研究等领域的工作。总的来说，馆际互借和中介服务有效地连接了各大高校图书馆的资源，形成了一个互助互补的学术支持网络。

（二）电子邮件，推送服务

在高校图书馆中，为了更有效地服务于专业领域深耕的"重点读者"，可以采用电子邮件等现代信息技术手段，主动推送最新的学术资源。这种做法不仅提升了文献服务的时效性，还增强了资源的可获取性。具体操作上，图书馆可以定期向这些用户发送新入库的中文和外文文献信息，以及专业核心期刊的最新目录。此外，还可以聚焦于国内外学科发展的最新动态，定期整理并发送相关专题书目资料，这些都是通过电子邮件完成的。这样的服务特别适合那些需要追踪领域内最新研究成果的高端用户。

为了进一步提升服务的个性化和精准度，图书馆还提供了期刊目次和期刊全文传递服务。在这项服务中，重点读者可以挑选出对其最为重要的六种专业期刊。每当这些期刊的新一期到馆时，图书馆便会把目次直接发送到读者的电子邮箱中。如果读者需要查阅这些期刊的全文，他们可以通过电话或电子邮件进行请求，图书馆工作人员将立即通过电子邮件发送期刊原文，或者复印纸质文档递送。此外，图书馆还可以利用已有的数字资源库，如中国期刊全文数据库（CJFD）、EBSCOhost 数据库、万方数据资源系统等，从中

提取与重点读者需求相关的文献，通过电子邮件直接推送相关原文或以打印形式发送。这种定向的信息推送服务不仅使得文献资源的利用更加高效，也极大地方便了重点读者的学术研究。

通过这些服务，图书馆不仅优化了信息资源的分发机制，还通过技术手段增强了用户体验，使得重点读者能够更便捷、更快速地获得他们所需的学术资源。

（三）信息检索，代理服务

在当今信息密集的学术研究环境中，时间和专业技能常常成为高校图书馆"重点读者"的瓶颈。这些读者，虽具备深厚的专业知识，却可能在利用复杂的信息检索系统方面经验不足。鉴于此，图书馆提供的信息检索代理服务，就显得尤为重要，它不仅节省了学者的宝贵时间，也确保了信息检索的质量和效率。具体来说，高校图书馆可以通过建立一支专业的信息检索团队，为重点读者提供精准的文献检索服务。这个团队熟练掌握各种国内外知名的检索工具和数据库，如科学引文索引（SCI）、工程索引（EI）、科技会议录索引（ISTP）、国际科学引文数据库（ISR）等，能够在这些平台上进行高效的文献检索和数据分析。

图书馆的信息检索服务可以按照读者的具体需求定制，包括但不限于专题服务、定题服务、回溯检索、课题查新、专利查新等。这些服务可以帮助读者快速获得与其研究主题相关的最新文献和科研资料，从而加速科研进程。例如，如果一个研究团队在进行某个科研项目，需要获取特定领域的历史文献或最新进展，图书馆可以提供专门的回溯检索服务，确保研究者能够获得全面而准确的信息。此外，图书馆还能够根据特定的研究需求，从这些重要数据库中提取数据，整理成报告，通过电子邮件或纸质形式发送给读者。

（四）请求呼叫，专线服务

为了提供更高效、更个性化的服务，高校图书馆可以设立专门的通信渠道，如专线服务电话和专用电子邮件地址，专为那些在教学和研究一线的重点读者设计。这些通信工具的设立充分利用了校园的免费虚拟电话系统和网络资源，极大地方便了读者与图书馆之间的直接沟通和信息交流。通过这种"一对一"的服务模式，图书馆能够及时向重点读者推送与其研究领域密切相关的最新馆藏资料。例如，新采购的尚未分类的图书，可以优先通知这部分读者，并与他们协调送书上门的具体时间。这样的服务不仅提高了图书利用率，也加强了图书馆与读者的联系。

此外，这些重点读者若有任何文献资料需求，可以随时通过拨打图书馆的专线电话或发送邮件到指定的邮箱进行咨询和请求。图书馆工作人员会在接到请求后，利用丰富的馆藏资源和网络信息，迅速进行查找和处理。查找到的资料可以通过电子邮件发送给读者，或者由图书馆工作人员直接送至读者的住处或办公室。

（五）数据挖掘，定制服务

数据挖掘技术在图书馆的信息服务中发挥着越来越重要的作用，尤其是在为"重点读者"提供定制服务的过程中。这一技术，也常被称作知识发现，涉及从大数据集合中提取有价值的信息和模式，这些信息往往不为人直观感知，但对于预测未来趋势和支持决策制定极为关键。

在高校图书馆的应用中，数据挖掘可以帮助图书馆管理层和服务人员更好地理解重点读者的需求和行为模式。通过分析图书馆数据库中的借阅记录、在线访问历史，以及用户互动数据，图书馆可以发现特定用户群的偏好、研究兴趣、使用习惯等关键信息。利用这些分析结果，图书馆可以设计更加个性化的服务。例如，可以根据重点读者的研究领域和历史借阅行为，定期推送与其研究相关的最新学术文献和资源。此外，通过挖掘和分析数据，图书馆能预测特定学科领域的研究趋势，进而提前准备和更新相关文献资源，确保图书馆的资源配置能够满足未来的需求。数据挖掘还能揭示用户之间的潜在联系，如共同的研究兴趣和合作机会，这样图书馆可以通过推荐系统促进

学者间的交流与合作，增加学术共同体的凝聚力。此外，这种技术的应用还有助于图书馆发现和纠正信息服务中的不足，通过对用户反馈和使用情况的深入分析，图书馆可以优化其服务流程和资源分配。

总体来看，数据挖掘为高校图书馆提供了一个强大的工具，使其能够更精准地识别并满足重点读者的需求，提升服务的相关性和效率。这种以数据为基础的服务方法不仅提高了用户满意度，也极大地增强了图书馆的运营效能和学术支持能力。通过这种方式，图书馆能够更好地支持学术研究，推动知识的发展和普及。

第五章　高校智慧图书馆服务创新研究

第一节　智慧时代高校图书馆信息检索服务转型

在数字化迅速发展的背景下，高校图书馆的信息检索服务正经历一场深刻的变革。随着人工智能、云计算及大数据等前沿技术的应用，图书馆信息服务进入了一个全新的智慧时代。这一时代不仅带来了先进的智能信息处理能力，也引发了对传统信息服务模式的重新思考。

为了应对这些新兴挑战，并最大化地利用这些技术的潜力，高校图书馆需要采取一系列创新措施。首先，图书馆需要增强自助服务的功能，提升社会服务意识，使用户能够更加自主地获取和利用信息资源。同时，通过与其他教育及研究机构的合作，图书馆可以更好地整合和共享资源，同时改进人才培养策略，以适应新技术的需求。此外，加强对用户的信息素养教育也显得尤为重要，这不仅有助于提升用户检索和利用信息的能力，还能促进用户对信息质量的识别和评估能力。高校图书馆还需扩展信息检索的服务方式，拓展服务的深度与广度，通过智能化的管理和服务系统，创造新的智慧空间，以适应智慧时代的要求。这些策略的实施将极大提升图书馆的服务效能和用户满意度，推动高校图书馆信息检索服务向更加智能化和个性化的方向发展，这对于提高图书馆的整体服务质量和支持高等教育的研究任务具有重要意义。

一、智慧时代高校图书馆信息检索服务新挑战

在智能时代背景下，高校图书馆必须革新其信息检索服务。首先，图书馆应吸收国内外优秀的服务理念，改进传统检索方法，提高服务的便捷性。其次，图书馆需要密切跟踪信息技术的最新发展，迅速将这些技术融入日常服务中，以提高用户的检索效率和满意度。最后，图书馆应利用信息技术实现服务模式的转型，通过多样化的服务渠道和方式，使得信息资源的获取更加方便快捷，从而提高其实用价值。这些措施将有效提升图书馆的服务质量和效率。具体来说，智慧化时代高校图书馆信息检索服务需进行以下四个方面的转型（见图 5-1）。

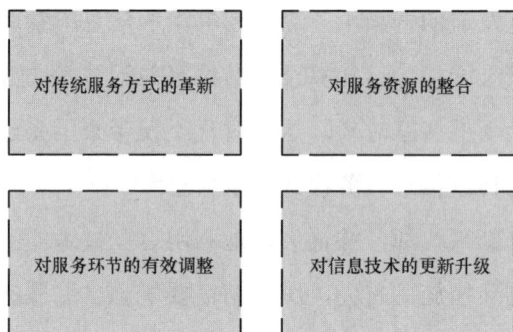

图 5-1　智慧化时代高校图书馆信息检索服务的转型

（一）对传统服务方式的革新

在智慧时代的背景下，高校图书馆的信息检索服务面临着前所未有的机遇和挑战。传统的图书馆服务模式通常较为被动，依赖用户自行探索和获取所需信息。然而，随着 RFID（无线射频识别）、网络学习社区、知识资源发现系统等现代技术的引入，图书馆的服务方式正在经历一场深刻的革新。这些技术的应用不仅丰富了图书馆的信息检索手段，也提高了服务的自动化和智能化水平。例如，RFID 技术的使用可以简化图书管理和借阅流程，提高图书馆的运营效率；而网络学习社区则为读者提供了一个互动学习的平台，

使得学习资源和经验可以更广泛地共享；知识资源发现系统则通过整合图书馆的各类资源，为用户提供一站式的搜索解决方案，极大地提升了信息检索的准确性和便捷性。这种技术与传统服务的融合不仅要求图书馆在资源整合上下功夫，还需要在技术人才的培养和储备方面进行投入。图书馆需要培养一支能够熟练掌握新技术、具备高度专业能力的信息服务队伍，以支持和推动信息服务的现代化进程。

然而，在这一创新过程中，许多图书馆也面临着技术力量不足的问题。特别是在处理非结构化用户信息数据方面，许多图书馆的能力尚不能满足服务需求。非结构化数据，如用户的搜索历史、在线行为记录等，虽然蕴含着丰富的用户需求和偏好信息，但其复杂性和难以标准化的特点使得分析和应用变得复杂。为了解决这一问题，图书馆需要重新思考和定位信息检索服务方式。一方面，可以通过引入更先进的数据处理工具和算法，提高非结构化数据处理的能力；另一方面，也应该探索更多符合用户需求的服务模式，如基于用户行为的个性化推荐系统等，这些系统不仅能提升用户满意度，还能增加图书馆资源的使用效率。

高校图书馆在智慧时代应致力于将信息检索服务向主动化、专业化和个性化方向发展。通过技术与服务的深度融合，不仅能提升图书馆服务的整体质量和效率，还能更好地满足现代高等教育中的学术需求，推动学术研究和知识创新。这不仅是对图书馆自身的一次革新，也是对整个学术共同体服务模式的一次重大优化和升级。

（二）对服务资源的整合

在智慧时代的背景下，高校图书馆的信息资源管理和服务方式正在经历重要的转型。图书馆拥有的丰富多样的信息资源，从传统的纸质文献到电子书籍、数据库、音视频材料等，构成了其服务的基础。有效地整合和利用这些资源，是提升服务质量和满足用户需求的关键。

第一，高校图书馆需要对各种形态的信息资源进行有机融合。这意味着

不仅要在物理空间内提供传统的书籍和期刊，同时也要通过数字化手段，如建设电子资源平台，整合电子书籍、学术数据库、专业期刊等资源，使用户能够通过单一的接口访问到所有类型的资源。此外，图书馆应当利用现代信息技术，如人工智能和大数据分析，对资源进行智能分类和推荐，提高资源的可检索性和可访问性。

第二，图书馆的资源展示方式应更加具体和详尽，使得用户可以轻松地发现和利用这些资源，包括改进在线目录的用户界面，提供多维度的搜索和过滤工具，以及增加资源的元数据质量，例如，详细标注每项资源的内容摘要、关键词、作者信息、使用评价等。通过这些详细的描述，用户不仅能更准确地找到所需资源，还能激发他们探索未知领域的兴趣。

第三，为了进一步提升用户的使用依赖和满意度，图书馆应该定期评估和更新其资源库。这可以通过用户反馈、使用数据分析，以及与学术趋势的对比来实现。图书馆还应积极参与或组织学术活动，如讲座、研讨会和展览，以此来展示其资源的丰富性和实用性，同时增强用户的参与感和归属感。

第四，加强与教学和研究部门的合作也是资源整合的一个重要方面。通过这种合作，图书馆可以更准确地掌握学校的教学和研究需求，进而优化资源采购和服务策略。例如，针对特定的研究项目或课程，图书馆可以提供定制化的信息服务，如专题资源包、数据支持服务等。

通过上述策略的实施，高校图书馆不仅能够提高其资源的利用率和服务的有效性，还能在智慧时代中更好地满足用户的多样化和高水平的信息需求。这种资源的有机整合和创新服务方式，将极大地提升图书馆的核心竞争力和在学术共同体中的地位。

（三）对服务环节的有效调整

在智慧化时代的推动下，高校图书馆的服务环节正在经历一系列的创新与优化，以更好地满足广泛用户群体的需求。这种变革不仅体现在对信息资源的有效整合上，更在于如何通过服务创新来增强用户体验和提高服务效率。

第一，电子资源和在线知识服务的引入极大地扩展了图书馆的服务范围，使得更多的用户能够跨时空限制，便捷地获取所需信息。例如，数字化的文献、在线数据库、电子期刊等资源的普及，使得用户无需前往图书馆即可进行文献检索和资料获取。此外，智能化的查询系统和虚拟助手的应用也在提升用户自助服务的能力上起到了重要作用。

第二，联盟服务和融合服务的发展是优化服务环节的关键。高校图书馆通过与其他图书馆的联盟合作，可以共享资源，扩大服务的广度和深度。这种合作不仅限于资源的共享，还包括服务流程的互联互通，如统一的用户认证系统、资源检索平台等。融合服务则侧重于跨学科的资源整合，通过结合图书馆的各种信息资源和工具，形成一套综合的解决方案，以支持用户的研究和学习需求。

第三，定制服务是另一个重要的服务优化方向。通过分析用户的使用习惯和需求，高校图书馆可以提供个性化的资源推荐、主题研究包、专业咨询等服务。例如，对于正在进行特定研究项目的学者，图书馆可以根据其研究领域和历史检索数据，定制一套包括最相关文献、数据集和研究工具的服务包，从而大大提高其研究效率。

第四，图书馆还需持续优化其内部运营流程，确保服务的快速响应和高效执行，包括但不限于优化图书借还流程、简化用户注册流程、增强在线服务平台的用户交互设计等。

通过上述措施，高校图书馆不仅能提供更为丰富和专业的信息资源，还能通过服务创新满足用户日益增长的需求，实现服务的个性化和智能化。这种服务环节的有效调整，将进一步巩固图书馆在智慧时代中的核心地位，为广大用户提供更高质量的学术支持和服务。

（四）对信息技术的更新升级

随着智慧化时代的到来，新兴的智能技术如人工智能正在迅速进化，有效地推动了信息技术的升级，特别是在高校图书馆的信息检索系统中。这些

技术的进步不仅简化了检索流程，也增强了检索系统的效能和用户体验。

人工智能的应用，特别是在自然语言处理（NLP）和机器视觉领域的发展，已使得图书馆的信息检索方式更加智能化和用户友好。例如，通过自然语言处理技术，图书馆的检索系统可以理解用户以日常语言提出的查询请求，如"我需要关于气候变化的最新研究论文"，系统能够解析这些查询的含义并自动转化为详细的搜索策略。这种技术的运用大幅度提高了检索的准确率和效率，使用户能够更快地找到所需的信息。同时，可视化检索技术的应用也提升了用户的交互体验，用户可以通过图形界面上传图片或使用图形工具直接进行搜索，系统通过图像识别技术分析这些视觉信息，并找到相关的资料。这种方式尤其适合艺术和设计领域的研究，让用户以直观的方式来检索图像或设计相关的资料。此外，智能化检索技术还能在后台生成个性化的检索策略，进行全网的智能搜索。这不仅提高了信息检索的全面性，也确保了检索结果的相关性和个性化。结果的呈现同样智能化，系统能根据用户的偏好和历史行为，优化结果展示的格式和结构，使其更加直观易懂。

为了保持技术的先进性和适应性，高校图书馆需要持续关注信息技术的最新发展。这包括定期更新系统软件，引进最新的人工智能算法，以及训练图书馆工作人员，使他们能够有效地使用这些高级工具。同时，图书馆也应该收集用户反馈，持续优化检索系统的功能，确保它们能够满足用户日益增长的需求。

综上所述，人工智能和其他智能技术的引入不仅极大地提升了高校图书馆信息检索的质量和效率，也为用户提供了前所未有的便捷和直观的检索体验。这些技术的不断更新和优化是智慧时代图书馆发展的关键，也是提高其服务水平的重要保证。通过这些高科技工具的应用，图书馆能够更好地服务于学术社区，支持教学和研究工作的深入进行。

二、智慧时代高校图书馆信息检索服务转型对策分析

在当前智慧时代背景下，人工智能技术的广泛应用已经开始重塑高校

图书馆的信息检索服务。这种技术革新不仅极大地提升了图书馆信息系统的服务效率，也为用户提供了更加便捷、直观的检索体验。利用人工智能技术，高校图书馆能够开发智能检索系统，该系统通过自然语言处理能力，允许用户通过文字或语音输入自己的查询需求。系统接收输入后，能够自动执行复杂的搜索算法，遍历全网资源，根据相关性将信息优先级排序展现给用户。这种方式大大减少了人工干预的需要，提高了检索的精确性和用户满意度。此外，这一技术的应用还促进了图书馆服务自主化和社会服务意识的提升。图书馆可以通过智能检索系统，更好地管理和展示其丰富的知识数据库，使用户在庞大的信息资源中，能够快速找到确切所需的资料。这不仅优化了用户的检索体验，也提高了图书馆资源的利用效率。智能化的信息检索技术为高校图书馆带来了前所未有的发展潜力，使其能在信息服务领域中更好地满足学术社区的需求。随着这些技术的不断进步和应用，高校图书馆的角色也在逐渐转型，从传统的信息保管者向信息服务的主动提供者转变，真正实现了以用户需求为中心的服务模式。

具体来说，智慧时代高校图书馆信息检索服务转型主要可从以下四个方面展开（见图 5-2）。

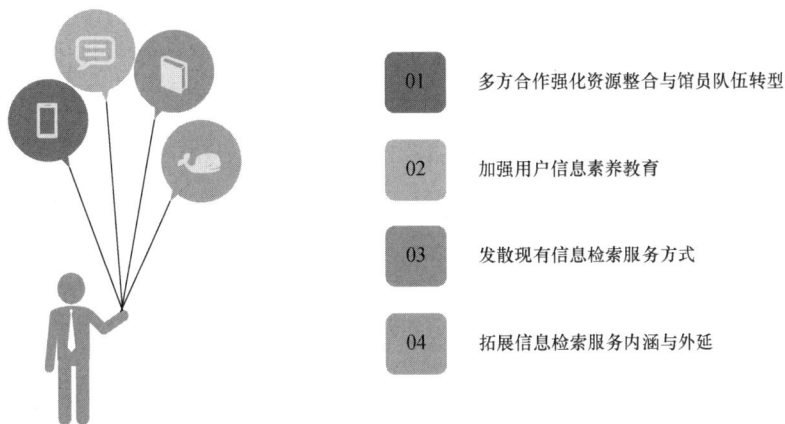

01　多方合作强化资源整合与馆员队伍转型

02　加强用户信息素养教育

03　发散现有信息检索服务方式

04　拓展信息检索服务内涵与外延

图 5-2　智慧时代高校图书馆信息检索服务转型

（一）多方合作强化资源整合与馆员队伍转型

在信息化快速发展的现代社会中，高校图书馆面临着信息资源过剩和更新迅速的双重挑战。这种环境要求图书馆不仅要提升信息资源的整合能力，还需要通过人员队伍的转型来适应新的服务需求。

1. 高校图书馆需实施高效的资源整合策略

网络和社会信息资源的动态性、分布性和丰富性要求图书馆在资源管理上进行创新，采用分层整理的方法来优化信息结构。通过这种方式，图书馆能够将文献和数据信息等资源进行有效分类，不仅使得资源的分布更加合理，还能提高检索效率和资源的使用率。这种结构化的资源整合不仅增强了专业性，还促进了图书馆服务的全面优化。

2. 高校图书馆的服务创新也离不开广泛的社会协作

图书馆应当积极引入社会学者和研究组织，利用他们的研究和知识处理能力，来弥补图书馆在服务深度和广度上的不足。同时，合作不应仅限于学术界，还应扩展到企业和其他社会组织，从而为用户提供更加个性化和前瞻性的信息服务。此外，通过这些合作，图书馆还可以更有效地筹集资金和其他资源，这对于不断优化信息服务体系至关重要。

3. 馆员的职能需跟随时代进行相应的扩展和转型

馆员不仅需要具备传统的图书情报专业知识，更应掌握数据处理和计算机技术等跨学科技能，以适应智慧化服务的需求。为此，持续教育和专业培训变得尤为重要。图书馆应建立一套有效的激励机制和培训体系，定期更新馆员的知识结构和业务技能，确保他们能够高效地处理大数据、进行深度信息挖掘，并提供基于数据和知识的决策支持。

这些措施将共同作用，形成一个高效、智能且响应快速的图书馆信息服务系统。高校图书馆通过上述资源整合与服务创新，不仅能够提高自身的服务能力，还能更好地服务于校园内外的广大用户群体，特别是在科研密集型的高等教育环境中，满足更高层次的学术和研究需求。这种服务模式和队伍转型，是图书馆在智慧时代下适应和引领信息服务变革的关键。

（二）加强用户信息素养教育

在当代信息化快速发展的背景下，高校图书馆扮演着至关重要的角色，不仅是信息的储存和提供中心，更是提升师生信息素养的关键场所。因此，加强图书馆用户的信息素养教育显得尤为重要。

首先，基本的图书馆利用教育是信息素养提升的起点。图书馆需要通过结构化的培训，使学生掌握如何高效利用图书馆的各项资源，包括传统的书籍和期刊，以及电子资源和在线数据库。这种培训应包括信息检索系统的基本操作，使学生能够独立进行资料搜索和获取。随着数字技术的普及，大多数师生已经习惯于使用互联网搜索引擎和社交媒体平台获取信息。在这种情况下，图书馆应当加强自身信息资源的推广，提高师生对图书馆资源的认知和依赖。这可以通过在图书馆官方网站、学校的社交媒体平台上定期更新和推广图书馆资源，并通过设置客户服务窗口来增强互动，提供即时咨询服务。此外，图书馆工作人员应当改善服务态度，更加主动地帮助用户解决问题，提供个性化的辅导，从而增强用户的归属感和满意度。这不仅能够提升用户体验，还能增强图书馆的服务效果，使其成为一个真正的学习和研究助手。从更细致的层面上，高校图书馆还需要提供专业的信息服务培训，包括智慧型数据资源的使用培训、不同类型的信息服务内容及其范围的介绍，以及如何有效地反馈信息需求的指导。这些培训旨在让用户不仅能找到他们需要的信息，还能深入了解信息的专业属性，提高其在学术研究中的应用能力。

通过一系列系统的培训和服务优化措施，高校图书馆能够有效地支持师生的学术活动，提高其信息处理能力。这不仅是图书馆服务的必然要求，也是推动整个教育系统信息素养水平提升的关键措施。通过这些努力，图书馆可以更好地发挥其在高等教育中的核心作用，为构建知识型社会作出重要贡献。

（三）发散现有信息检索服务方式

在当今智慧化时代，高校图书馆面临着前所未有的挑战和机遇，尤其在信息检索服务方面。随着信息技术、网络技术和人工智能的快速发展，传统的图书馆信息服务方式已不足以满足现代用户的需求，必须进行适应性的创新和发展。

第一，图书馆信息服务的智能化是现代信息服务发展的重要方向。通过引入如 RFID 技术和智能机器人等先进设备，图书馆能够为用户提供更快捷、更高效的服务体验。例如，一些领先的高校图书馆已经开始使用智能搜索机器人来帮助用户定位和检索图书，这种技术的应用不仅使用户能够更方便地获取信息，同时也优化了图书馆的书籍管理和流通流程。

第二，随着智能手机和平板电脑等移动终端的普及，移动服务已成为信息服务的一个重要扩展方向。高校图书馆应充分利用这一平台，发展基于移动网络的在线咨询和在线教育服务。这不仅可以提升用户访问信息的便利性，也能够通过各种应用程序（App）和移动网站，提供更为丰富和更具互动性的学习资源，满足用户随时随地学习和研究的需求。

第三，图书馆还应该不断探索和实验新的信息服务模式，如利用虚拟现实（VR）和增强现实（AR）技术来提供沉浸式的学习和研究体验。这些新兴技术可以使用户在虚拟环境中亲身体验复杂的科学实验或历史事件，极大地丰富了图书馆的教育功能。

第四，图书馆还需要强化其作为信息服务中心的角色，通过与教育机构、研究中心，以及其他图书馆的合作，共享资源，实现信息服务的优化和整合。通过建立更广泛的合作网络，图书馆不仅可以扩大其服务范围，还能增强自身在信息检索服务领域的专业性和权威性。

第五，高校图书馆应积极响应用户反馈，不断调整和优化服务策略。这包括对服务人员进行定期培训，确保他们能够熟练使用最新的信息技术，以及开展用户信息素养教育活动，帮助用户更有效地利用图书馆提供的各类信息资源。

通过上述多方面的努力，高校图书馆可以不断提升其信息检索服务的质量和效率，更好地适应智慧化时代的需求，为师生提供更全面、更便捷、更高质量的信息服务。这种服务的创新和拓展将为图书馆的未来发展奠定坚实的基础。

（四）拓展信息检索服务内涵与外延

在当今智慧化时代，高校图书馆面临着转型的必要性，特别是在拓宽其服务范围和加强服务能力方面。随着社会和网络用户群体的不断扩大，高校图书馆的服务对象已经不再局限于校园内部，这要求图书馆必须对现有的服务模式进行全面的调整和升级。

高校图书馆需要改变传统的服务观念，将社会用户的服务地位提升至与校内用户同等的重要级别。这不仅意味着要在物理和数字资源的获取上无差别对待，还应包括在信息咨询、教育培训等方面提供均等的服务机会。此外，图书馆应通过扩展网络在线服务和建设虚拟社区等方式，增强其服务的可达性和互动性，使得所有用户都能够在任何时间、任何地点访问所需的资源和支持。同时，高校图书馆还需要加强与外部机构的合作，特别是与社会学者和研究机构的联动。通过这种合作，图书馆不仅可以丰富自己的知识库，还能够借助外部专家的研究能力和知识处理能力，从而补充和强化自身的服务能力。此外，合作还可促进资源的共享与创新，提供更加前瞻性和个性化的信息服务，满足用户日益增长的专业需求。图书馆还需要注意，随着社会信息服务机构的兴起，其在信息检索服务上的竞争力可能受到挑战。因此，图书馆必须通过持续的技术更新和服务创新来维持其核心竞争力，包括投资于最新的信息技术，如人工智能和大数据分析工具，以提高信息检索的效率和准确性，同时也要通过策略性的营销活动提高图书馆的社会知名度和影响力。

在数字化和智能化日益深入的当代，高校图书馆的发展方向正在显著转向利用高新技术提升服务质量。特别是在信息检索领域，智能化技术的应用

已成为推动图书馆服务革新的核心动力。信息检索服务不仅限于基本的文献查询，它还包括为学术研究提供学科服务、支持知识发现的知识服务，以及为决策提供咨询的决策支持服务等多方面的功能。当前，随着人工智能和机器学习等智能设备技术的快速发展，高校图书馆有了通过模仿人脑的思维方式来处理复杂信息的能力。这些技术能够对大量信息进行快速的收集、存储和精准检索，极大提高了信息服务的效率和质量。为了充分发挥智能化技术的潜力，高校图书馆需要在多个层面上进行创新和改进。第一，图书馆必须培养自主服务的理念和强烈的社会服务意识，使得服务更加用户导向，更能满足用户的个性化需求。第二，加强信息资源的整合是提升服务效率的关键，这不仅需要技术上的整合，还包括跨学科资源的合理配置和利用。第三，加强用户的信息素养教育同样至关重要。通过系统的培训和指导，帮助用户更有效地利用图书馆的资源，提高他们的信息获取和处理能力。第四，图书馆应不断探索和实验新的信息服务方式，例如，通过虚拟现实和增强现实技术提供沉浸式的学习体验，或是利用大数据分析来进行个性化的资源推荐。

第二节　创新教育背景下的高校图书馆智慧服务

随着智慧图书馆概念的提出和发展，高校图书馆服务正逐步转型为更高效、技术驱动的服务模式。这种变革不仅依赖于持续的理论研究和技术创新，更与创新教育的理念紧密相连。为了更好地促进高校图书馆服务的现代化，高校必须融入创新教育的元素，加速服务体系的智能化和个性化进程。智慧图书馆的实践和理论研究在全球范围内不断深化，已经形成了一个较为完善的知识体系，特别是在利用先进技术提升图书馆运营效率和用户服务体验方面取得了显著成就。中国的发展战略也明确强调了创新的重要性。在这样的背景下，高校图书馆智慧服务的推广和应用显得尤为关键。图书馆需要通过引进和整合新技术，不仅优化现有的服务流程，还要开发新的服务功能，如通过智慧服务提高用户的互动体验和信息获取效率。此外，高校图书馆还需加强馆员的专业培训和制度建设，确保馆员能够熟练运用新技术，更好地满足用户需求。

一、图书馆智慧服务进行创新教育的必要性

（一）智慧馆员必须挖掘创新潜力

在现代高校图书馆中，图书馆员的角色正在经历一场深刻的转变。他们不仅是知识的管理者，更是智慧服务的推动者和实践者，这要求图书馆员不仅要精通传统的图书馆管理和服务技能，还需要迅速适应不断变化的信息化环境，全面掌握国内外图书馆业的发展动态和趋势。图书馆员应当深入了解读者的实际需求，并能够运用最新的科技成果和服务模式来提升服务效率和质量。这种需求不仅体现在日常的管理和服务工作中，更在于如何通过创新实践，将图书馆打造成为一个促进学习和研究的创新平台。为了成为这样的"智慧馆员"，图书馆工作人员需要具备强大的创新能力，这种能力的培养是一个长期而系统的过程，涉及从理论到实践的不断学习和应用。图书馆员应当能够将掌握的理论知识与图书馆的日常工作紧密结合，不断寻求服务工作的创新与改进，从而优化图书馆的整体运作和管理。在这个过程中，图书馆员还应成为引导读者发掘和提升个人创新潜力的教师。通过提供多样化的智慧服务，他们可以激发读者的学习兴趣和研究热情，帮助他们在学术和技术上取得更大的进步。这种服务不仅限于传统的借阅和查询，更包括如何利用图书馆的资源进行知识创新和技能提升。

（二）智慧资源必须激发创新思维

在当代高等教育的背景下，高校图书馆的角色已经从传统的知识存储场所转变为创新思维的孵化器。这一转变要求图书馆不仅提供传统的图书和文献资源，更应整合和利用先进的信息技术，如云计算、大数据和物联网，来创建一个全新的学习和研究环境。这些智慧资源的整合使用，旨在为用户提

供一个能够激发创新思维和促进知识发现的环境。

智慧图书馆通过提供丰富的数字资源和动态的学习空间，成为推动创新和学术探索的前沿阵地。此外，物联网技术的应用可以使图书馆的物理空间和虚拟服务更加智能化，从而提升用户体验，使用户在获取信息、进行学术交流时更加高效和舒适。图书馆应深入挖掘所藏文献和数据资源的潜在价值，尤其是那些具有高度创新潜力的专利文献和学术研究。通过精准的数据分析和用户行为研究，图书馆不仅能够向用户推荐与其研究领域高度相关的资源，还能够预测未来的研究趋势，并据此调整资源采购和服务策略。智慧空间的设计与运用应以用户需求为核心，强调空间的多功能性和灵活性。图书馆应提供各种形式的学习和交流平台，如开放的学习共享空间、高科技的研讨室和互动式的展览区。这些空间不仅应促进学术交流和团队合作，还应支持个体学习和研究，从而满足广泛的用户需求。

因此，高校图书馆必须变革传统服务模式，利用智慧资源构建一个能够激发创新思维的学术环境。通过持续的技术整合和服务创新，图书馆可以有效地支持学术社区的发展，使其成为推动学术创新和知识进步的关键力量。这种转变不仅提升了图书馆的功能，更为广大师生提供了实现学术梦想的平台。

（三）智慧管理必须传输创新意识

智慧管理在高校图书馆中扮演着至关重要的角色，它通过引入先进的智能系统、设备及网络技术，极大地提升了图书馆的运营效率。这种管理方式不仅是对图书和资源的智能化处理，更涵盖了对图书馆工作人员和用户的智能化服务。

在这个框架下，高校图书馆的管理团队必须确保所有的资源、服务及用户交互都通过智能化手段得到有效的管理和优化，这不仅提高了服务的质量，也确保了资源利用的最大化。更重要的是，智慧管理还承担着传递创新意识的责任。通过这种先进的管理实践，图书馆能够在日常运营中展示创新的思维和方法，进而激励用户也培养出创新的思维方式。例如，通过数据分析确定资源配置的优化方案、使用人工智能辅助的查询系统提升用户体验、或是通过虚拟现实技术增强用户的互动学习经验，都是智慧管理在图书馆中实践创新的体现。这种创新不仅仅体现在技术应用上，更通过这些技术改进的服务过程中传递给每一位用户，从而在整个学术社区中推广创新的文化和精神。这样的智慧管理实践不仅提升了图书馆的功能性，更在塑造一个创新驱动的学术环境中发挥了关键作用。

二、基于创新教育环境下智慧服务建设

（一）智慧馆员的培养

在现代高校图书馆中，智慧馆员的培养成为了提升图书馆服务水平的关键。这种培养不仅涉及提高工作人员的技能，更关注于如何根据不同的工作需求，发展相应的专业能力。智慧图书馆需要的不只是传统的图书管理和借阅服务，更需要具备数据分析、预测未来趋势及创新服务的能力。这些技能的提高对图书馆工作人员来说既是挑战也是机遇。高校图书馆可以根据智慧馆员的工作职责和专长将其分为研究型、技术型和业务型三个类别。这种分类有助于精确定位培训需求，从而制定更有效的个性化培养方案。

研究型智慧馆员主要聚焦于学术研究和技术发展的最前沿，他们需要定期参与学术会议、研讨活动，以及时掌握图书馆领域的最新研究动态和技术进展。此外，这类馆员还应该有能力将新知识和技术应用到日常的图书馆管理和服务中，以推动智慧图书馆的整体发展。

技术型智慧馆员则主要负责图书馆的技术支持和创新实施，他们的培养重点在于如何有效利用现代信息技术，如云计算、大数据分析和物联网，来优化图书馆的资源配置和服务流程。这类工作人员可以通过与IT专家的合作学习，参加相关的技术研讨会，或是访问其他先进图书馆以获取新的灵感和方法。

对于业务型智慧馆员，他们的主要职责是确保图书馆的日常运作顺畅，并在此基础上不断提升服务质量。这类馆员的培训应侧重于图书馆管理的最新理论和实践，包括客户服务、资源整合和流程管理。业务型馆员的培养也应包括敏捷学习的能力，使他们能迅速适应变化，实施新的服务模式，满足用户的多样化需求。

高校图书馆通过这三种类型的智慧馆员的有针对性的培养，不仅能够提升个人的专业能力，更能通过他们的努力共同推动图书馆服务的创新和升级。这种系统的培养策略将使图书馆不仅在资源管理上保持领先，更在创新教育的实践中发挥示范作用，培育出能够适应未来挑战的智慧型图书馆员队伍。

（二）智慧管理体系的完善

在创新教育的背景下，高校图书馆面临着更新其管理体系以适应现代化需求的挑战。为了构建一个有效的全智慧管理体系，图书馆必须从制度、模式及技术三大方面进行全面革新。

关于管理制度的改革，图书馆需要制定一套包括新技术和设备在内的详尽规范，以确保图书馆的运营不受到技术变迁的负面影响。这些规范不仅要能够解决当前的需求，更要预见未来的发展趋势，从而制定出既灵活又具前瞻性的管理政策。这样的制度设计能够为图书馆在采纳新技术和应对未来挑战时提供坚实的基础。

在管理模式方面，高校图书馆应采取更加用户中心的策略。这意味着管理模式的调整应以提高用户满意度为核心，通过持续的服务优化来满足用户的具体需求。例如，可以通过数据分析来识别用户行为和需求模式，进而调整服务流程，使之更加高效和用户友好。此外，图书馆应该定期评估其服务模式的有效性，确保能够快速响应市场和技术的变化。

至于管理技术的革新，图书馆需要整合最新的智能化技术来优化资源管理和用户服务，包括使用自动化系统来处理日常的书籍借还、用户查询等事务，同时利用人工智能和机器学习技术来提升信息检索的准确性和速度。通过引入高效的技术解决方案，图书馆不仅能提升操作效率，还能增强用户的互动体验。

通过这三方面的深入改革，高校图书馆能够建立一个强大的智慧管理体系，不仅稳固图书馆的基本运行，还能显著提升服务质量和效率。这样的全面升级将使图书馆更好地服务于学术社区，同时激发用户对图书馆资源的兴趣和探索欲，进一步促进知识的传播和创新。这种全方位的管理革新是高校图书馆适应现代教育需求、实现持续发展的关键。

（三）长效动态性的反馈体系的建立

在现代高校图书馆的运营中，构建一个以用户为中心的动态反馈体系是提升服务质量和效率的关键。这种体系不仅能够持续收集和分析用户的反馈，还能根据反馈结果及时调整服务模式，确保图书馆服务能够适应不断变化的教育需求和技术发展。

第一，高校图书馆需要重视用户满意度的调查，包括定期的问卷调查和实时的反馈机制，如数字平台上的即时评价系统和面对面的意见收集。通过这些多元化的反馈渠道，图书馆可以获得关于其服务效果的直接数据，从而准确地了解用户对现有服务的接受程度及其改进意见。

第二，图书馆应利用先进的数据分析技术来处理收集到的大量用户数据。这些分析不仅可以揭示用户需求的变化趋势和模式，还能帮助图书馆预测未来可能的服务需求，为创新服务的设计提供数据支持。例如，利用机器学习技术分析用户行为和借阅历史，图书馆可以更精确地推荐书籍和资源，甚至定制个性化的学习路径。

第三，图书馆还应将反馈体系的建立与智慧图书馆的其他管理和服务措施相结合。例如，通过培养具有高度数据分析能力的智慧图书馆工作人员，以及不断优化的智慧管理体系，图书馆能够更高效地实施和调整基于用户反馈的服务更新。这种集成的方法不仅提高了反馈体系的效率，也增强了图书馆服务的整体质量和响应速度。

第四，为了更好地支持高校的创新教育目标，图书馆的反馈体系还应该包括对创新活动和教育成果的评估。这意味着图书馆不仅要关注服务的日常运作，更要积极参与到学校的创新教育活动中，如举办研讨会、讲座，以及其他学术交流活动，以促进知识的创造和传播。

通过上述措施，高校图书馆能够建立一个既能反映当前需求又能预见未来挑战的长效动态反馈体系。这种体系将使图书馆能够在不断变化的教育环境中持续优化其服务，为师生提供必要的学术资源和创新支持，从而有效地推动学术创新和教育发展。

第六章 高校智慧图书馆服务的
实践应用研究

第一节 智能设备在高校图书馆中的应用及服务策略

一、智能技术在高校图书馆中的应用

智能技术在高校图书馆中的运用大幅提升了工作效率并促进了图书馆的智慧化发展。这些技术主要应用于以下几个领域。

（一）智能门禁管理系统在高校图书馆工作中的应用

高校图书馆的智能门禁管理系统融合了电子、机械、计算机、通信、光学、生物等多学科的知识，形成了一个集成的安全电子管理系统。这一系统不仅强化了对图书馆重要入口的安全防护和控制，还通过非接触式 IC 卡技术，将图书馆的多项服务如借阅、查询、打印、视听资源利用等整合到一张卡上，极大提升了管理效率和用户体验。

智能门禁系统是高校图书馆"一卡通"管理系统的一个重要组成部分。它使得读者可以通过一张卡无缝访问图书馆提供的各种服务，同时还能自由地浏览和借阅任何阅览室的书籍。在近 3 000 家实施图书馆自动化集成系统（ILAS 系统）的图书馆中，有上百所高校图书馆采用了这种一卡通系统。这种系统的管理模式通常是"门禁监测与借还一体化"，大大简化了管理流程，

同时增强了安全监控。此外，智能门禁管理系统的应用不仅限于读者服务。它同样适用于图书馆职工的考勤管理，以及图书馆日常运营的数据统计工作。系统可以实现对进馆人次的统计、职工考勤、读者进馆状况的监控、在馆读者的实时查询等功能。还可以根据入馆读者的数据进行失物查询，为找回遗失物品提供便利。

整体而言，高校图书馆通过部署这种智能门禁管理系统，不仅提高了图书馆的安全管理水平，也优化了资源配置和服务质量。这种系统的实施有助于图书馆更好地服务于师生，满足现代教育需求中对高效、安全和便捷图书馆服务的期待。通过这些技术的集成，高校图书馆能够在提供传统图书馆服务的同时，引入更多现代化的管理和服务模式，更好地支持学术研究和教育活动。

（二）RFID 在高校图书馆的应用

无线射频识别技术（RFID）自 1999 年由美国麻省理工学院的自动识别中心首次提出以来，已经在全球范围内广泛应用于图书馆等多个领域。这项技术通过射频信号自动识别和捕获带有电子标签的物品上的数据，极大地提高了物品管理的效率和精确性。尤其是在图书馆领域，RFID 技术由于其迅速、便捷、无需物理接触的特性，已成为提升服务质量的重要工具。RFID 系统主要包括标签、发射器和接收器三部分。标签附着在图书等物品上，存储有关物品的信息；发射器用于发送射频信号以激活标签，并将信息传送至接收器；接收器则负责读取并处理这些信息。这一过程不仅快速，而且可以处理移动中或静止状态下的物品。

在图书馆中，RFID 技术的应用始于 2002 年，当新加坡国家图书馆成为全球首个完全应用 RFID 技术的图书馆。此后，越来越多的图书馆开始采用这种技术，以改进图书管理和借还流程。RFID 技术在图书馆中的主要应用在自助借还机、图书自动分拣系统、安全门监控、读者识别系统等领域。通过应用 RFID 技术，图书馆能够自动化完成许多原本需要人工操作的任务。例如，读者可以通过自助借还机快速借出或归还图书，无需等待图书馆工作人员的手动处理。此外，RFID 标签还可以提高图书防盗系统的有效性，通过安全门系统自动检测未经登记的图书借出。更进一步，图书的自动分拣系统可以减少工作人员在物理分类上的劳动强度，提升工作效率。随着技术的持续进步和成本的逐渐降低，RFID 在图书馆的应用比例正以每年 30%的速率增长。这不仅说明了 RFID 技术在图书馆服务中的广泛接受度，也反映出它在提高图书馆运营效率、增强用户体验方面的显著优势。尤其是在大型图书馆中，RFID 技术通过提供快速的物品检索和管理，显著降低了错误率和操作时间，为图书馆带来了前所未有的管理便利。

综上所述，RFID 技术通过其独特的非接触性识别功能，为图书馆提供了一种高效、安全且用户友好的管理方式。随着这种技术的不断发展和优化，未来图书馆的服务模式将更加智能化和自动化，进一步促进知识的传播和文化的交流。

（三）智能机器人在高校图书馆中的应用

在当代高校图书馆中，智能机器人和虚拟现实（VR）技术的应用标志着图书馆服务进入了一个新的阶段。这些先进的技术不仅模拟了人类在自然环境中的感知和行为，还在图书馆环境中创造了一个互动且逼真的数字世界。通过这些技术的运用，读者能够在一个虚拟化的环境中体验近乎真实的视觉、听觉和触觉感受，仿佛亲临其境。以国家图书馆的虚拟现实系统为例，该系统允许读者在不接触实体文物的情况下，通过 VR 技术"漫游"图书馆的珍贵藏品。这种非接触式的交互不仅保护了馆藏文物的完整性，也使得文化遗产得以更好的传承和普及。用户可以利用触摸设备进行仿佛触摸实物般的"翻阅"体验，这种沉浸式的互动极大地丰富了用户的学习和探索过程。同样，清华大学图书馆的"小图"虚拟咨询机器人，提供了一个实时的虚拟咨询服务。这一服务不仅包括常见的图书馆信息问答，还能进行馆藏图书查询，并且具备自我学习和训练的功能，能够随着使用而不断优化其服务效果。此外，

上海交通大学图书馆采用的 IM 智能机器人则充当了一个无疲倦的全天候在线的参考咨询员。这种智能机器人能广泛阅读、分析图书内容，为用户提供精确的信息服务，并添加了一层智能化和人性化的服务层次，大幅提升了咨询服务的效率和质量。

这些应用案例表明，智能机器人和虚拟现实技术在高校图书馆中的运用不仅是技术上的创新，更是服务方式和体验的革新。通过这些技术的引入，图书馆能够提供更加丰富多样的服务，满足现代用户的多元化需求。同时，这种技术的应用也推动了图书馆在信息检索、用户交互、文化传承等方面的能力，使图书馆成为一个更加活跃和引人入胜的学习环境。未来，随着这些技术的不断发展和完善，其在图书馆中的应用将更加广泛和深入，为高校图书馆带来更多创新的可能性。

（四）其他智能设备在高校图书馆的应用

随着科技的不断进步，高校图书馆正在积极引入各种智能技术设备，以提升服务效率和改善用户体验。这些设备涵盖了广泛的应用领域，从环境监控到自助服务设施，都在图书馆的日常运作中扮演着重要角色。例如，各种传感器技术已被广泛应用于图书馆中，以实现自动化的环境监控和设施管理。触摸屏技术使得查询和导航变得更加直观便捷，而声控灯具和电子温度计等可以自动调节图书馆的光照和温度，保证阅读环境的舒适性。此外，烟雾探测器和精密电子秤等设备的使用，不仅增强了图书馆的安全性，也提升了对图书馆资源管理的精确度。M2M（机器对机器/人）技术的应用也在图书馆中变得越来越普遍。这种技术通过网络化的机器互动，极大地拓展了图书馆服务的功能性。自动售货机和自助打印机等设备允许用户进行自助购买和打印，从而减少了排队等待的时间。同时，图书和杂志的自动贩卖机提供了 24小时不间断的借阅和购买服务，极大地方便了用户。此外，座位预约系统通过智能化管理，确保了阅读空间的高效利用。

这些智能设备的引入不仅是技术上的升级，更是对图书馆服务模式的一次革新。它们通过提供更多自助服务和改善用户的互动体验，有效地提升了图书馆的运营效率和服务质量。随着这些技术的进一步发展和完善，未来的高校图书馆将能够提供更加智能化、个性化和便捷化的服务，更好地满足现代用户的需求。

（五）Hadoop 技术体系在高校图书馆中的应用

Hadoop 是由 Apache 基金会开发的一个高效的分布式系统架构，主要包括 HDFS（Hadoop Distributed File System）和 MapReduce 两个核心组件。HDFS 提供了一个高容错性的分布式文件存储系统，能够在成本相对较低的硬件上部署，从而为处理和存储大规模数据集提供了基础。MapReduce 则是一个强大的数据处理工具，它允许对大量数据进行有效的计算处理。

在高校图书馆的应用中，Hadoop 技术体系展现出其在数据管理和分析方面的巨大潜力。通过利用 Hadoop，图书馆能够处理和分析庞大的数据集，包括用户行为数据、资源利用数据、外部数据资源等。这不仅有助于图书馆优化其资源配置和服务提供，还能深入挖掘用户需求和行为模式，从而提供更加个性化的服务。具体而言，Hadoop 的应用使图书馆能够执行复杂的数据分析任务，如趋势分析、预测模型建立等，这些分析帮助图书馆改进决策过程和服务创新。例如，通过分析借阅历史和在线互动数据，图书馆可以发现特定资源的需求趋势，调整采购策略和资源推荐算法，更有效地满足用户需求。此外，Hadoop 的高容错性和低成本部署特性使得高校图书馆可以在经济预算内维持对大数据的持续分析和存储，保证数据处理的连续性和稳定性。这种技术的应用不仅提升了图书馆的运营效率，还增强了图书馆在信息技术领域的竞争力，使其能够在数据驱动的时代中保持领先地位。

二、智能设备和技术在高校图书馆智慧服务的策略

随着高校图书馆中智能设备的广泛部署，采用这些先进设备和技术来提供智慧服务已经成为图书馆服务发展的趋势。以下将探讨如何有效利用这些

智能工具和技术，以优化图书馆的智慧服务体系，并提出一系列实施策略供参考。这些策略旨在通过智能化解决方案，提升服务效率并满足用户日益增长的需求。

（一）要有全局性观念增加并注重资金的利用

为了有效地将智慧服务整合到高校图书馆的运营中，图书馆领导必须展现出远见卓识，并充分认识到在全校范围内实施这些服务的重要性。这不仅涉及对未来服务方向的精准把握，也包括对必要资源的合理规划与调配。在这一过程中，争取并合理使用资金成为一个关键环节。

领导层需要与学校管理部门紧密合作，确保图书馆在智慧服务领域的资金需求得到充分的满足，包括为新技术的采购、设备的升级、资源的丰富以及人员培训等方面提供必要的经济支持。通过这种方式，图书馆不仅能够引进最新的智能化工具和系统，还能确保这些工具和系统的有效运用，从而大幅提升服务效率和质量。此外，合理的资金管理也是智慧服务成功实施的保证。图书馆领导需制订详尽的财务计划，明确各项技术和设备投入的预算，确保资金的每一分投入都能产生最大的效益。同时，还需要通过持续的监控和评估，调整和优化资金使用策略，以应对智慧服务需求的变化。

（二）组建一支高素质、高品质的智慧服务团队

为了应对日益复杂的服务需求和技术挑战，高校图书馆迫切需要建立一支专业的智慧服务团队。这个团队应该由具备多方面专业知识的成员组成，他们不仅要熟悉图书馆业务，还需掌握最新的技术和智能设备使用，以及在数据科学领域如数据采集、分析、应用等方面具备高级能力。这支团队的主要任务是利用其集体的专业知识和技术能力，深入了解和满足用户的需求，提供定制化的智慧解决方案。团队成员应具有强烈的协作精神和创新能力，能够在图书馆的各个方面发挥作用，如改进服务流程、优化资源配置、提升用户体验等。此外，智慧服务团队还需要持续学习和适应新技术，将先进的

大数据技术和人工智能应用到图书馆服务中，以实现信息资源的最大化利用和服务效率的显著提升。通过这些技术，团队能够提供更精准的数据分析，更好地理解用户行为，从而设计出更符合用户需求的服务方案。为了维持团队的高效运作，图书馆管理层必须确保团队拥有足够的资源，包括资金、时间和技术支持。同时，也需要制订一个持续的专业发展计划，鼓励团队成员更新知识和技能，保持在图书馆智慧服务领域的领先地位。

综合来看，通过组建这样一个专业且具备高度协同作用的智慧服务团队，高校图书馆不仅能够提高服务质量和效率，还能更好地适应教育领域的发展趋势和技术革新，为用户提供更加全面和深入的智慧服务。这将显著提升图书馆的整体功能性和竞争力，更好地满足现代高等教育的需求。

（三）注重大数据技术在智慧服务中的应用

随着大数据技术的发展和应用，高校图书馆的智慧服务也正在迈向更高的水平。大数据不仅是一个技术工具，更是图书馆提供精细化、个性化服务的关键。有效利用大数据技术可以极大地增强图书馆的服务能力，特别是在自助服务、个性化推荐、情景感知、云服务等方面。首先，大数据技术可以优化图书馆的自助服务模式。例如，SoLoMo（社交、本地化、移动化）和RFID 技术可以使用户体验更流畅，通过社交媒体和位置数据提供更加个性化的服务。同时，RFID 技术的应用不仅加快了借书还书的流程，还提高了图书防盗系统的效率。在个性化服务方面，通过精确的定位算法和数据挖掘技术，图书馆能够提供定制化的阅读推荐和研究支持。这些技术帮助图书馆从海量的数据中识别出用户的偏好和需求，从而推送最符合用户需求的图书和资源。情景感知服务则是利用微服务架构中的感知技术，如温度感应、光线调节等，以创造一个更加舒适的学习环境。这种技术的应用可以动态地调整图书馆的物理环境，以适应不同用户的阅读或研究需求。此外，云计算和推荐系统技术也在智慧服务中发挥着重要作用。云计算提供了强大的数据存储和处理能力，使图书馆能够提供大规模的在线访问服务和资源共享服务。而推荐系统

则通过分析用户的历史行为和偏好，提供更加精准的书目推荐。

尽管大数据技术已在图书馆智慧服务中取得了初步的应用成效，但如何从庞大的图书馆数据集中挖掘出更有意义的信息仍然是一个挑战。图书馆需要进一步探索和完善数据分析和应用的方法，不断提升数据挖掘的精度和效率，确保智慧服务的质量和效果，真正实现服务的精准化和个性化。这不仅需要技术上的创新，还需要对数据科学的深入理解和应用，以充分发挥大数据在智慧图书馆服务中的潜力。

（四）注重社交平台的应用，加速智慧服务建设

为了有效地扩展高校图书馆的影响力并提升用户体验，利用社交媒体平台进行宣传和服务推广成为了一个重要策略。通过建立一个多渠道的社交媒体存在，图书馆不仅可以提高其资源和服务的可见度，还可以更加便捷地与用户互动，提供实时的支持和服务。

高校图书馆应该采取线上与线下相结合的推广方式。线下活动可以包括在校园内举办介绍会、展览、研讨会等，直接与学生和教职员工面对面交流，增强实体互动的体验。而线上宣传则通过创建官方的社交媒体账户如微信公众号、微博、QQ群、定制的移动应用程序等，来拓展接触范围和便利性。在这些平台上，图书馆可以定期发布关于最新学术资源、特色服务、即将举行的活动和有用的网络资源导航等信息。这些信息的及时更新不仅能够保持用户的高度参与，还可以通过直接反馈收集用户的需求和建议，进一步改进服务内容。此外，社交媒体平台还提供了一个与用户进行双向交流的机会。图书馆可以通过这些渠道接收和回应用户查询，及时解决用户的问题，从而增强用户满意度和忠诚度。通过互动式的内容如问答、投票和讨论，图书馆能够更好地理解用户的需求，从而提供更加个性化和精准的服务。

总的来说，社交媒体是高校图书馆在构建智慧服务体系时不可或缺的工具。它不仅可以帮助图书馆扩大影响力和提高服务效率，还可以通过持续的

用户互动，增强服务的适应性和创新性。这样的策略确保了图书馆能够在数字化时代保持竞争力，并有效地服务于广大师生。

（五）关注用户体验，提高智慧服务能力

在当今的信息时代，尽管传统的纸质文献阅读量有所减少，但高校图书馆作为获取信息资源、学习和学术交流的重要场所，其人流量仍然保持稳定。这表明图书馆在大学生活中扮演着关键角色，因此，提升图书馆的智慧服务能力，优化用户体验成为重要的发展方向。

为了适应数字化时代的需求，高校图书馆正在转型为多功能的智慧学习中心。这种转型不仅涵盖了传统的图书借阅和学术研究功能，更扩展到了创新创业支持和技术体验等领域。一些先进的图书馆，如武汉大学图书馆，已经建立了众创空间，这些空间配备了 3D 打印机、增强现实技术体验中心、智能机器人和大数据分析设施。这些设备和技术不仅为用户提供了实践创新的机会，也大大丰富了图书馆的服务功能。此外，清华大学图书馆通过设置独立研读间和多人讨论间等，进一步关注个体和团队用户的体验需求。这些设施的设计考虑了不同用户的学习和研究习惯，为他们提供了适宜的环境，从而提升了图书馆的服务水平和用户满意度。在 Wi-Fi 泛在和设备互联的基础上，图书馆能够提供无缝的网络服务和资源访问体验。用户可以在图书馆任何一个角落，方便地访问电子资源，进行信息检索，参与在线课程和研讨会，使得学习和研究活动不受物理限制。为了更好地服务大学的创新和创业活动，图书馆的服务也在持续地创新中。通过整合校园内的创业资源，图书馆不仅成为了学术研究的中心，也转变为了创新创业的孵化平台。这种多元化的服务提升了图书馆的战略地位，也吸引了更多的用户利用图书馆的资源和服务。

总的来说，高校图书馆通过这些智慧服务的提供，不仅增强了其在学术和技术上的支持能力，也优化了用户的整体体验。这些创新使图书馆成为了一个真正的学习和创新中心，能够满足现代高等教育中学生和教师日益增长

的多样化需求。

（六）重视隐私保护服务的开展工作

在当前智慧服务日益普及的背景下，高校图书馆的隐私保护措施显得尤为重要。许多美国高校图书馆已在其网站首页突出展示了隐私保护声明，并详细说明了其隐私处理政策。这种做法有效地增强了用户对图书馆服务的信任，并提升了图书馆服务的整体质量。国内高校图书馆在推进智慧服务过程中，也应深刻认识到隐私保护的重要性。模仿美国高校图书馆的成功做法，国内图书馆应在可见位置明确展示隐私保护政策，详细解释用户数据的收集、存储及使用细节，确保用户的隐私权得到充分保护。此外，图书馆应通过实施严格的数据安全措施来防止用户信息泄露，如使用加密技术保护用户数据，定期审查和更新安全协议等。

随着智能技术的引入，图书馆能够收集更多关于用户行为的数据，这虽然有助于提供个性化服务，但也带来了新的隐私保护挑战。因此，高校图书馆在开展智慧服务时，不仅需要关注服务质量的提升，还必须将用户隐私保护作为优先考虑的重点。当前，国内高校图书馆在智慧服务的具体实施方面还缺乏统一的标准和评估框架。因此，各高校图书馆应积极探索与创新，结合自身实际情况，不断完善服务内容。通过与国内外同行的交流与学习，可以不断丰富和完善智慧服务的理论基础和实践经验，从而更好地满足用户需求，提高服务效率与质量。

第二节　基于区块链技术构建高校图书馆智慧阅读平台

随着技术的迅速发展，高校图书馆在推进智慧化服务的过程中，特别是在阅读平台的建设上面临一定的挑战。区块链技术，作为一种具有革命性的新兴技术，因其去中心化、高可信性和数据不可篡改的特性，为解决现有阅读平台的局限性提供了全新的视角和解决方案。通过使用文献调研和比较分析的方法，对基于区块链技术的智慧阅读平台的实施可能性进行了深入研究。这种基于区块链的智慧阅读平台相较于传统的数字阅读平台，能够更好地保护内容的版权，保证交易的透明性并增强用户体验。在这个平台上，原创内容能够得到更好的保护和合理的价值评估，同时读者可以根据个人偏好定制内容和服务，这不仅提高了用户满意度，也促进了资源的合理分配和使用。此外，区块链平台的去中心化特性使得图书馆与阅读团队能够更高效地进行内容管理和监督，降低管理成本，提高系统的透明度和信任度。通过这样的智慧化阅读平台，高校图书馆能够更有效地推广阅读，激发学生的学习兴趣，进而提升整体的教育质量和学术氛围。

一、高校图书馆数字阅读平台存在的问题

在保留传统藏书和阅览环境的基础上，高校图书馆的数字阅读平台引入了丰富的电子资源，如电子书籍，提供了定制化和个性化阅读服务。这些平台以其资源多样性、成本效益及使用便捷性为主要优点，受到广泛欢迎。然而，随着技术的不断进步和人本思想的深入人心，这些数字平台的不足之处逐渐显露。尽管它们为用户带来了便捷的阅读方式，但在满足用户个性化深层需求方面仍显不足，且存在一些系统性的问题需要解决（见图6-1）。

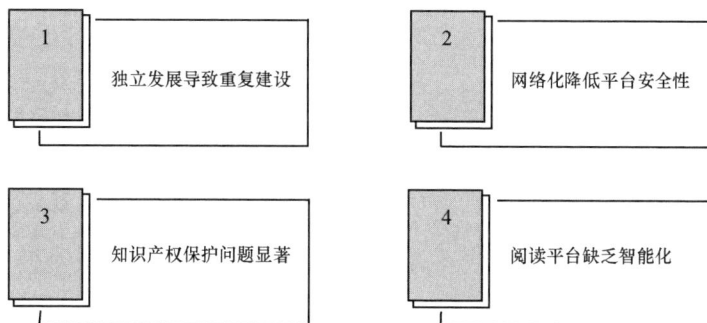

图 6-1　高校图书馆数字阅读平台存在的问题

（一）独立发展导致重复建设

在推进高校图书馆数字化转型的过程中，各高校图书馆的建设工作往往独立进行，主要集中于各自的服务规模、特色、技术选择等方面。这种独立的发展模式较少涉及与其他图书馆之间的互联互通和资源共享，导致了信息孤岛现象的产生。因此，当用户需要访问多个高校图书馆的资源时，必须分别操作各自的管理系统，这不仅降低了信息检索的效率，也增加了用户的操作难度。此外，由于缺乏在数字化建设上的协调和沟通，各高校图书馆之间在建设内容上出现了较多的同质化内容。许多资源和服务在不同图书馆之间重复建设，这种重复投资不仅未能带来预期的效益，反而造成了资金和资源的巨大浪费。

这种局面表明，高校图书馆在追求自身发展的同时，亟需在行业内部加强合作与交流，通过建立更为紧密的合作网络，实现资源的有效整合和共享。这不仅可以避免资金的无谓浪费，还可以通过资源共享，提升服务质量，更好地满足广大用户的需求。

（二）网络化降低平台安全性

随着数字图书馆阅读平台的发展，为了增加用户便利性并提供丰富的数字资源，这些平台广泛采用了互联网技术，实现了资源的在线访问。这种开放的接入方式虽然极大地方便了用户阅读和获取信息，但同时也带来了一定的安全风险。网络开放性使得这些平台容易成为网络攻击的目标，从而面临更多的安全挑战。开放的网络接入点增多，意味着潜在的攻击面也随之扩大，各种恶意攻击更易于找到入侵的机会。这些攻击不仅可能导致重要数据泄露，还可能引发系统的大范围故障，严重时甚至可能导致整个平台的瘫痪。例如，通过病毒感染、钓鱼攻击或是拒绝服务攻击（DDoS）等手段，黑客可以非法访问或破坏平台数据，这不仅威胁到用户的个人信息安全，也可能导致图书馆遭受巨大的经济损失和信誉损害。因此，保护这些数字资源和确保用户数据的安全就显得尤为重要。图书馆需要实施更为严格的安全措施，包括但不限于使用强化的防火墙、入侵检测系统和数据加密技术，以防止未经授权的访问和数据泄露。此外，定期对安全策略进行审查和更新，并对员工进行安全意识和技能培训，也是维护网络安全的关键措施。

总的来说，虽然数字图书馆阅读平台的网络化为用户带来了极大的便利，但相应地，也应对相应的网络安全风险给予足够的重视和投入适当的防护措施，以保障平台的稳定运行和用户信息的安全。

（三）知识产权保护问题显著

在近年来，随着我国对知识产权保护重视程度的不断提升，相关法律和措施也得到了显著加强。然而，对于高校图书馆而言，这一趋势虽然带来了版权保护的利好，但也对其数字阅读平台的发展带来了一定的挑战。为了吸引更多的用户，这些平台需要不断更新并提供最新的电子资源，但版权法的严格要求和高额的授权费用限制了图书馆能够自由获取和提供这些资源的能力。知识产权的复杂性和成本问题对独立运营的高校数字阅读平台尤为突出，这不仅制约了平台的内容丰富度，还可能因版权纠纷影响到图书馆的整体服务质量。版权问题的存在导致一些宝贵的学术资源无法被广泛传播和利用，从而阻碍了知识的普及和学术交流的便捷性。因此，解决这一问题不仅需要图书馆加强与内容提供商的协商和合作，寻求更经济的版权获取方案，还需要在守法的前提下，探索更多灵活高效的内容许可和共享模式。这样既能保障作者和出版商的合法权益，也能促进学术资源的合理利用和知识的广泛传播。

（四）阅读平台缺乏智能化

尽管数字阅读平台提供了便捷的网络检索功能，允许用户快速访问大量信息资源，但这些平台在智能化服务方面仍有不足。目前，用户在使用这些平台时常常面临信息过载的问题，即相关和无关信息混杂，使得用户不得不

投入大量时间进行筛选和验证。这种情况说明，现有的数字阅读平台还未能有效实现根据用户个人需求进行智能化推荐的功能。这一缺陷不仅降低了用户体验，也限制了信息检索的效率。理想的数字阅读平台应能够利用先进的数据分析技术，如机器学习和人工智能，来分析用户的阅读习惯和偏好，从而提供个性化和专业化的推荐。这样不仅可以提高用户的满意度，还能显著增强平台的使用效率。

二、区块链与智慧图书馆

区块链技术以其独特的架构和核心技术特征，在全球范围内引起了广泛关注。该技术的基础是分布式账本技术，这种技术的显著特点是去中心化。与传统的集中式记账方法不同，分布式账本依赖于网络中分散的节点来共同完成交易的记录和验证。这些节点不仅记录完整的交易历史，还相互监督，确保交易的正确性。这样的设计不仅提高了系统的透明度，也增加了数据的安全性和可靠性，因为即使部分节点受损，也不会影响到整个账本的完整性。区块链的安全性还得益于非对称加密技术。虽然交易数据在区块链上是公开的，但通过非对称加密，可以有效保护用户身份和交易细节的私密性。只有在数据所有者授权下，才能解密并访问敏感信息，从而保护用户隐私并确保数据安全。此外，区块链技术的另一个关键特征是共识机制，这确保了网络中的数据一致性和防篡改性。例如，工作量证明机制要求网络中超过一半的节点达成共识，才能确认交易并进行数据录入。这种机制使得欺诈行为或错误信息的录入变得极其困难，特别是在节点数量众多的情况下。

智能合约技术则提供了自动执行交易的能力。在区块链上，智能合约允许在满足预设条件的情况下自动执行合约条款，无需第三方介入，这样不仅减少了交易摩擦，还增强了执行的准确性和效率。综合来看，区块链技术的这些核心功能共同构成了一个去中心化、高度可信和安全性高的网络环境。这不仅极大降低了交易和运营成本，还提高了系统整体的效率和透明度。因此，区块链技术被视为具有革命性潜力的创新，预计将在更多领域展现其改变游戏规则的能力。

区块链技术以其独特的去中心化特点为智慧图书馆带来了新的视角。在去中心化的体系中，图书馆内部的信息资源可以在无需中央管理的情况下，通过网络节点平等地进行数据交换和验证，这样的结构大大提高了信息共享的效率和透明度。每个节点都参与到数据的验证过程中，共同维护信息的完整性和一致性，有效防止数据被篡改，为图书馆信息资源的安全共享搭建了坚固的桥梁。安全性是区块链另一显著优势。由于区块链的数据结构是一系列按时间戳顺序连接的区块，每个新区块的生成都必须包括前一个区块的加密哈希值。这意味着，任何试图修改已有数据的行为都将需要重新计算后续所有区块的哈希值，这在实际操作中几乎是不可能完成的，从而极大地提高了数据的安全性。此外，每个区块的不可变性和时间戳属性确保了数据的完整性和可追溯性，用户可以安全、可靠地访问高校图书馆的各种数据资源。智能化业务处理是区块链技术另一个关键应用。通过智能合约，预设的合约条款一旦被触发，相关操作便自动执行，无需任何人工干预。这种自动化的流程不仅提升了业务效率，也保证了操作的公正性和透明性。智能合约可以在多个图书馆服务场景中发挥作用，如自动化的借阅流程、版权管理和访问控制等，极大地推动了图书馆业务流程的现代化。

三、基于区块链技术的智慧阅读平台的构建价值

在现代高校图书馆的发展过程中，引入区块链这类先进信息技术对于创新数字化阅读平台具有重要意义，这不仅为图书馆服务的智能化、个性化和专业化提供了可能，也带来了诸多挑战与机遇。在这种新兴技术的助力下，智慧图书馆能够通过智能设备系统地收集和分析读者的阅读偏好、行为模式及满意度等关键数据。这种方法的应用使得从庞大且零散的数据中精确挖掘和预测读者需求成为可能，极大地提高了服务的针对性和效率。通过区块链技术，图书馆可以建立一个安全、透明且不可篡改的数据环境，保证信息的真实性和可靠性。同时，结合大数据分析技术，图书馆能够根据分析结果实

时调整资源配置和服务策略，实现真正意义上的用户导向服务。

具体来说，基于区块链技术的智慧阅读平台的构建价值主要体现在以下五个方面（见图 6-2）。

（一）信息资源建设的开放与共享

通过区块链技术的应用，高校图书馆有望构建一个革命性的分布式阅读

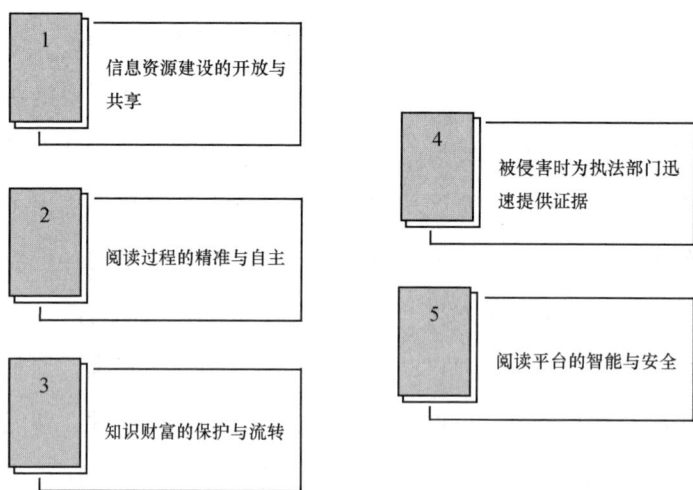

图 6-2　基于区块链技术的智慧阅读平台的构建价值

平台，这一平台利用区块链的核心特性——不可篡改性和数据可追溯性，为图书馆信息资源的开放与共享提供了技术支撑。在这个平台上，不仅高校图书馆的珍贵数字资源可以被广泛访问，其他教育机构和个人也能够上传并共享自己的学术成果，如学术论文、研究报告、多媒体教材等。这种新型的数据存储系统的建立，将极大地减轻高校图书馆在传统资源整合上的负担，使其从单一的信息提供者转变为一个综合的信息管理和服务平台。这不仅改变了图书馆的基本职能，也为图书馆在智慧教育体系中的角色定位提供了新的可能性。在这个开放的平台上，每一个使用者不仅是信息和资源的消费者，更是内容的贡献者。读者和各教育机构可以自由地分享自己的资源和阅读体验，

同时，他们的反馈和建议又能成为平台服务改进的重要依据。这种互动性和开放性极大地促进了知识的广泛传播和高效利用，提高了教育资源的整体价值。因此，区块链技术的引入不仅为高校图书馆的数字化转型开辟了新路径，也为建设更加智能化、个性化的阅读服务环境提供了坚实的技术基础。这将有助于图书馆更好地服务于学术研究和学习，推动知识创新与传播，同时也使图书馆在现代教育体系中发挥更加关键的作用。

（二）阅读过程的精准与自主

随着数字化阅读的普及，高校图书馆面对的不仅是传统纸质阅读模式的减少，更是一个转变服务模式、积极适应新媒介技术的机遇。通过采用区块链技术，高校图书馆可以构建一个先进的智慧阅读平台，该平台利用区块链的分布式记账功能详细记录读者的阅读行为，从而提供高度个性化的服务并满足用户的深层阅读需求。此外，区块链的不变性和数据的可追溯性允许图书馆更好地追踪和分析读者的阅读路径，增强读者之间的互动。传统的阅读方式往往导致被动阅读，缺乏参与感，而通过整合视频、直播等新媒体形式，图书馆能够创建一个更为互动的阅读环境。这些新形式不仅丰富了阅读体验，也使得读者能够直接参与到讲座、研讨会，以及其他文化活动中，增强了他们的参与度和满意度。在这个基于区块链的平台上，每一次阅读活动、每一次互动都被记录下来，形成一个完整、不可更改的数据链。这种技术保障了信息的真实性和完整性，使得阅读过程不仅是精准的，也是高度自主的。读者可以根据自己的兴趣和需要，选择最合适的内容，同时平台也能根据读者的历史行为提供推荐，进一步个性化服务。通过这样的系统，高校图书馆不仅能够提升服务质量，更能够激发和保持读者的阅读热情，真正实现一个以用户为中心，既具有互动性又具有个性化的智慧阅读环境。这种服务模式的转变，不仅响应了数字时代的需求，也预示着高校图书馆服务在未来的发展方向。

（三）知识财富的保护与流转

区块链技术的引入为高校图书馆的智慧阅读平台带来了革命性的变革，尤其在知识财富的保护与流转方面表现显著。这一技术通过其固有的可追溯性，能够详尽地记录每位使用者的阅读活动、学术贡献、原创作品等价值信息，统称为"知识财富"。相较于传统的阅读平台，区块链的不可篡改性大幅增强了对作者知识产权的保护。利用区块链的分布式记账功能，可以明确界定作者的文章、研究成果及其他创作的版权归属。结合智能合约技术，智慧阅读平台可以方便地建立起读者与原创作者之间的直接交易通道，一旦合约条件被满足，相应的阅读权限或版权转移便自动执行，且每一次交易的细节都被不可逆地记录在区块链上，保障了操作的透明度与可靠性。此外，任何时候版权的当前状态均可通过系统进行实时查询，为阅读资源的提供方与使用方之间建立了一个无需信任中介的直接交互路径。这种基于区块链的智慧阅读平台不仅为作者的知识产权提供了坚固的保护，也优化了版权的流转机制，降低了交易的复杂性和成本。

（四）被侵害时为执法部门迅速提供证据

在智慧图书馆的区块链阅读平台中，阅读积分被引入作为量化和激励机制的一部分，用以衡量读者的阅读行为和知识贡献。这种积分系统允许读者通过累积的阅读积分来获取平台上原创作者发布的作品，从而促进知识的获取和分享。此外，高校图书馆还可以采取回购机制，通过货币资金购买阅读积分，赋予积分实际的财务价值，进一步激发原创作者和读者的参与热情。这种机制不仅增加了原创作品的流通性，还促进了图书馆知识资源的有效利用和传播。通过这种方式，图书馆鼓励并为读者的积极阅读行为和知识分享提供奖励，使得终身学习和阅读成为用户的一种生活习惯。此外，这一系统的透明性和可追溯性也为版权保护提供了强有力的支持，确保创作者的权益得到尊重和保护，同时在发生版权争议时，能够迅速为执法部门提供准确的交易记录和版权归属证据，有效维护法律的公正执行。

（五）阅读平台的智能与安全

资金制约常常是高校图书馆在构建阅读平台时面临的一个主要挑战。区块链技术的应用提供了一个高效且成本低廉的解决方案。通过利用其分布式存储和智能合约的能力，区块链允许在分布式网络节点上进行大量数据的存储和处理，显著降低了对中心化数据中心和人力的依赖。相较于传统的阅读平台，区块链平台通过自动化的智能合约减少了管理人员的工作量和运维成本。这些合约能自动执行数据验证和事务处理，大幅提升了运营效率。此外，区块链的时序稳定性和不可篡改性特点，使得它在整合图书馆智能化设施方面尤为有效。例如，通过区块链技术，门禁系统、人脸识别、智能书架以及RFID技术等可以被统一管理，每个设备都通过一个唯一的标识接入平台，这样不仅增强了服务的连贯性，也提高了系统的安全性。此外，区块链的共识机制确保了平台上的每一项数据更新都必须得到网络多数节点的验证，有效防止了数据被未授权篡改的可能性。分布式存储结构进一步保障了数据在物理上的完整性和持久性，即使部分节点发生故障，也不会影响到整个系统的稳定性。

四、基于区块链技术构建智慧阅读平台的建设思路

利用区块链技术，高校图书馆可以将传统的分散和独立阅读模式转变为一个集丰富内容、资源共享和高度智能化于一体的阅读环境。这种智慧阅读平台包括两个主要部分：一个是基于区块链的数据存储系统，另一个是用户交互界面。在数据存储系统中，通过区块链处理和存储来自图书馆、学生和其他机构的元数据，确保信息的安全和完整性，并作为智慧阅读平台的主要数据来源。此外，平台和相关子系统的开发也采用区块链技术，提供易于使用、功能丰富的界面，极大地提升用户体验和操作便捷性。

（一）平台区块链技术架构

高校图书馆的智慧阅读平台建立在一个多层的区块链技术架构之上，这一架构细分为六个关键层面：应用层、合约层、激励层、共识层、网络层和数据层。应用层主要负责封装平台的阅读积分系统，包括积分的获得、使用、支付等功能，这些都是用户直接交互的场景。合约层包含了平台运行所需的各种编程语言和算法脚本，以及构成交易逻辑和操作协议的智能合约。激励层则是利用经济激励来提高用户和参与者的活跃度和贡献，包括设计积分的发行和分配机制。共识层是区块链系统的核心，负责制定和执行节点间的共识算法，本平台特别采用了工作量证明（Proof of Work，POW）机制，通过将阅读行为转化为"挖矿"劳动，动态地参与到平台的维护中。网络层关注于构建一个去中心化的网络环境，包括数据的传输、验证和同步过程。最后，数据层则存储所有的区块链交易记录和数据块，使用时间戳和非对称加密技术确保数据的安全性和完整性。整体来看，这一复合层次的区块链架构不仅支持智慧阅读平台的日常运作，还确保了系统的安全、透明和高效，使得平台能够持续提供创新的服务，满足高校师生的多元化阅读和学习需求。

（二）平台系统功能架构

基于区块链技术的智慧阅读平台主要由去中心化阅读子系统、原创作品众筹子系统、线下阅读活动子系统和个人信息管理子系统四个部分组成。

1. 去中心化阅读子系统

在高校图书馆的智慧阅读平台中,去中心化阅读子系统扮演着关键角色。这一系统基于区块链的分布式账本技术，构建了一个开放的阅读环境，使得高校图书馆、教育机构及个人均能参与并受益于阅读资源的共享。此种去中心化的布局有效打破了传统阅读平台中存在的资源控制和信息壁垒，促进了知识的自由流动和平等获取。图书馆利用区块链技术开发的智能合约自动执行平台的规章制度，简化了数据管理过程，显著提高了管理效率和用户体验。

该子系统还包含几个互动模块，以满足不同读者的需求：图文阅读交流模块、试听学习阅读模块，以及直播互动交流模块。图文阅读交流模块允许各学术团体发布和推送专题阅读内容，用户可以根据个人兴趣订阅相关的阅读组织，并参与讨论与信息分享。试听学习模块则提供以视频形式进行的专家讲座，供用户观看并学习，从而获得深入的知识解读和学术指导。直播互动模块则开放给广大读者，允许他们在平台上进行直播，分享阅读体验和心得，增强了读者之间的互动和学习氛围。

2. 原创作品众筹子系统

高校图书馆智慧阅读平台的原创作品众筹子系统通过区块链技术实现了一个去中心化的创作和分发生态，旨在激发原创作者的创作热情并优化读者的阅读体验。区块链的应用摒弃了依赖传统出版机构的中介模式，而是直接连接作者和读者，确保作品的生产、发布和消费过程的透明性和高效性。该子系统利用区块链的不可篡改性和分布式存储特性，构建了一个包括作品内容和交易信息的安全数据层。在这一系统中，每件作品及其相关的版权和交易信息都被记录为独立的数据块，确保了版权的明晰并有效抑制了盗版行为。通过智能合约的设计，读者可以直接参与到作品的众筹中，一旦投资达到一定阈值，合约便自动执行，保障读者获得阅读权，同时确保作者得到应得的稿酬。此外，原创作品众筹子系统中包含了作品展示模块和智能合约众筹模块。作品展示模块允许作者提前在平台上展示作品的部分内容，这不仅为读者提供了对作品质量的初步判断，也通过市场的自然选择机制，促进了优质作品的凸显和劣质作品的淘汰。智能合约众筹模块则提供了一个低成本的渠道，使读者能够以小额投资的方式支持心仪的原创作品，同时为作者提供了一个快速、便捷获得稿酬的途径。

3. 线下阅读活动子系统

区块链技术在高校图书馆的应用中展现出了强大的数据管理和活动组织能力，特别是在传统的线下阅读活动管理上。这项技术能通过其链式的数据结构全面记录和评估线下活动，如讲座、读书会、书展等，从而提高这些活

动的组织效率和质量。线下阅读活动子系统内设有几个关键模块，其中的阅读统计分析模块利用区块链技术对活动数据进行全面采集和分析。通过细分数据的不同维度，如参与者的年龄、性别、专业和年级等，系统能够提供深入的参与洞察，帮助平台更精确地定位目标群体和优化阅读推广策略。活动组织管理模块则专注于优化线下活动的操作流程，提升管理效能。这一模块支持阅读社团在活动策划、人员分工、经费使用等方面的组织工作，确保每一项活动都能高效有序地进行。此外，通过智能合约功能，该模块能自动执行预设的组织规则和标准，减少人为错误和资源浪费。图书馆监管模块则负责对各类线下活动进行全程监控，确保活动的规范进行。该模块记录所有相关活动的详细信息，并在发现任何偏差或问题时提供实时反馈和纠正指导，从而保证活动质量和图书馆的品牌声誉。

4. 个人信息管理子系统

在高校图书馆的智慧阅读平台中，个人信息管理子系统的开发利用了区块链技术的主链与侧链结构，旨在提供精细化和个性化的阅读服务。该子系统包括几个核心模块：个人阅读定制模块、自媒体发布模块，以及阅读积分管理模块。个人阅读定制模块主要负责收集和存储读者的基本资料、在线学习活动和个性化阅读偏好，这些数据帮助平台为每位用户推荐最合适的阅读材料，并优化用户的阅读体验。自媒体发布模块则连接读者的社交媒体账户，如微博、今日头条等，自动将其发布的内容同步到图书馆平台，精选并推广优质的阅读内容，增强读者之间的互动和信息共享。阅读积分管理模块则记录用户通过阅读活动赚取和使用的积分，这些积分可以用于获取特定的资源或服务，并通过一个透明的系统展示积分的累计和使用情况，以及用户在平台上的活跃程度排名。这种积分系统既激励了用户的阅读行为，也增加了平台的互动性和参与感。整体而言，这个子系统通过精确管理和利用个人数据，不仅提升了用户体验，也促进了资源的有效利用和社区的活跃交流。

区块链技术的出现为多个行业带来了创新的解决方案，包括金融、物流、保险等领域。然而，在图书馆，特别是在阅读推广方面，这项技术的应用还相对处于起步阶段，其潜力尚未被广泛认识和利用。当前，随着电子阅读的普及率超过传统纸质书籍，高校图书馆面临着急需转型升级的压力，以满足新时代读者的变化需求。利用区块链技术建设智慧阅读平台，可以为高校图书馆提供一个全新的方向。这种技术不仅能够提供安全的数据管理和存储解决方案，还能通过其固有的透明和不可篡改的特性，增强用户信任，优化资源共享过程。此外，区块链的智能合约功能可以自动化处理许多繁琐的管理和交易过程，从而提高图书馆服务的效率和质量。尽管区块链在图书馆的应用仍在初步阶段，但其在智慧图书馆建设中的潜力是不可忽视的。通过探索和实施区块链技术，高校图书馆不仅可以改进现有的服务模式，还能开拓新的服务领域。随着这些技术的进一步研究和应用，预计将会推动整个图书馆服务体系向更加智能化和用户友好的方向发展。

第三节 基于"万物智能"的智慧图书馆服务融合研究

在全球范围内，"万物智能"已逐渐成为技术发展的主导趋势，尽管已有众多研究探讨了智能技术的演进、应用及其广泛影响，但关于如何在图书馆服务体系中实现这种技术的有效融合尚显不足。因此，探索图书馆服务体系融合"万物智能"的途径具有重要的学术价值和实际意义。随着物联网、云计算等先进技术的推广，无数终端设备已连入互联网，人与信息的连接日益密切，标志着从物联网到"万物互联"的转变，并最终迈向"万物智能"的新时代。

智能手环、智能手表等智能设备日益普及，这些设备的集成正推动着传统行业的转型，其中图书馆作为信息集散地，也在积极调整，以适应这一变革。现代图书馆系统在"万物智能"的背景下，正逐步演变为智慧图书馆，这不仅是图书馆创新发展的方向，也是其转型和可持续发展的必然选择。

智慧图书馆利用大数据和云技术等，能够高效地处理和分析庞大的用户

数据，优化资源配置，实现服务的个性化和智能化。此外，人机交互和人工智能技术的融合为图书馆提供了前所未有的机会，以更动态的方式响应用户需求和行为变化，实现服务的无缝整合。研究这一领域不仅可以为图书馆服务体系的创新提供理论支持，也可指导实践操作，推动图书馆服务在智能时代下的全面升级。因此，系统地归纳现有研究，并探索图书馆服务与"万物智能"融合的新模式，显得尤为重要，旨在为图书馆未来发展提供科学指导和策略建议。

一、图书馆服务融合体系的研究意义

在目前全球"万物智能"的背景下，图书馆服务系统正处于关键的转型阶段。尽管许多研究已经指出，在这一趋势下图书馆需要向融合服务体系过渡，并为用户提供精确、定制化及主动化的信息服务，但对于如何实现图书馆服务在物联网一体化转型的具体路径，以及服务各方面融合的详细过程的探讨尚显不足。因此，针对这一背景下的图书馆服务融合体系进行深入研究显得尤为重要，其研究不仅具有理论价值，同时也具备实际应用的重大意义。

首先，研究图书馆服务融合体系可以从图书馆接入的多样设备、信息数据的异构性、大规模信息数据的管理及智能处理等方面入手。通过这样的研究，可以为图书馆构建一个科学而实用的服务融合体系提供坚实的基础，并为图书馆服务融合、数据整合、智能信息推送和物联网建设提供理论与方法上的指导。

其次，图书馆服务融合研究能够促进对读者行为的全方位感知，并通过应用深度学习算法，使得大数据平台不仅存储信息，还能智能处理信息，实现自动化服务的联动推送。这一过程的基础是图书馆内所有设备的感知和联网能力，以及一个标准化的物联网模型的构建。同时，智能化的服务系统将基于一个功能全面的大数据平台和高度智能化的终端设备。

通过总结图书馆大数据和深度学习的应用特征，实现服务的有机融合，图书馆能够在"万物智能"的时代背景下不断创新服务模式，拓宽服务范围，并优化服务流程。这不仅提升了服务的系统性和协调性，而且增强了服务的整体性和一体性。这种全面融合的服务体系为图书馆在智慧化发展的高级阶段提供了必要的技术和理论支持，进而推动图书馆向融合化、互动化、可视化、泛在化和智能化方向的成功转型。

二、图书馆服务融合体系前瞻研究探索

随着"万物智能"的趋势加速发展，图书馆服务体系需要进行必要的调整和优化以适应这一潮流。预计未来 5 到 10 年，"万物互联"将进化为"万物智能"。考虑到这些技术进展以及图书馆服务体系的现有特征，研究可以在以下三个方面进行深化和拓展。

（一）"万物智能"环境下智能终端服务融合体系

在当前"万物智能"的技术环境中，图书馆系统正面临转型，以适应这一新兴趋势。特别是图书馆大数据中心的运用，在配合深度学习技术和人工智能的辅助下，图书馆服务正在向智能化迈进，实现服务的自动化推送至各种智能设备，如智能手机、平板、书架、机器人乃至窗户等。这些设备不仅简化了传统的服务模式，而且通过高度的感知、通信和人机交互功能，实现了服务的全面智能化。这种服务系统通过集成的智能终端联动框架，可以实时感知读者的需求和行为，从而提供高度定制化的服务体验。例如，当读者步入图书馆时，系统通过智能传感技术即刻识别其身份和借阅偏好，自动向其智能设备推送相关的个性化信息；在询问图书位置时，智能书架能即刻回应并指引读者；甚至智能窗户也能提供天气信息或其他环境数据，增加图书馆的交互性和便捷性。这种融合系统的核心在于创建一个无缝的网络，连接所有智能终端，不仅是通过打开一个应用来执行操作那么简单，而是形成一个综合化、个性化、智能化的服务网络。这个系统的设计意味着图书馆服务可以跨越传统界限，通过智能化手段提升用户体验和服务效率，使得图书馆变成一个真正的智能环境，能够全方位满足用户的需求。这样的智能化服务

不仅提高了图书馆的运营效率，也为读者提供了更加丰富和便捷的阅读体验，推动了图书馆服务模式的根本革新。

（二）"万物智能"环境下图书馆异构数据整合标准研究

在"万物智能"的全面发展背景下，图书馆的各种智能设备正不断地收集与处理有关读者的各类个人数据。这些数据不仅来源广泛，而且实时更新，包括但不限于读者的行为数据、交互数据，以及通过数字资源系统获得的使用信息。所有这些数据，从单个动作到复杂的交互序列，均被动态地记录并传输到图书馆的大数据处理中心。在这种环境下，数据的实时性、海量性，以及类型的多样性提出了新的挑战，特别是如何有效地整合这些异构数据以提供连贯、一致的用户体验。为此，制定一个综合的数据整合标准变得尤为重要，这包括定义关键的数据字段，以及如何将这些数据归类和链接到具体的读者个人信息上。实施这一标准的目的是构建一个以读者为中心的数据整合模型，使得所有从智能设备中收集的信息都能被系统地分类和关联。通过这种方式，图书馆能够更准确地分析读者行为和偏好，从而提供更加个性化的服务。此外，这一整合标准还将支持跨设备和平台的数据通信，确保信息的一致性和准确性，增强数据使用的效率和效果。最终，这种基于个人信息的用户行为数据整合将使图书馆能够更好地理解和预测用户需求，优化服务设计，同时也为读者提供一个更加丰富的图书馆使用经验。通过这样的研究和实践，图书馆不仅能够提升其服务质量，还能在"万物智能"的大趋势中保持竞争力和相关性。

（三）"万物智能"环境下图书馆一体化物联网标准模型构建

在当前"万物智能"的趋势下，图书馆正在转型，以整合成一个全面的物联网系统。随着越来越多的智能设备，如可穿戴设备、传感器、智能手机、机器人、VR 设备、智能书架等被纳入到图书馆系统中，形成了一个综合的网络环境。这些设备的集成不仅增加了系统的复杂性，也对图书馆的网络架构提出了新的要求。

为了有效管理这些智能终端并实现它们之间的高效通信，图书馆必须建立一个坚固的物联网标准模型。这一模型需能够支持大量的设备接入，保证数据传输的实时性，同时满足高度的互动性。此外，这一物联网架构还需具备强大的网络通信能力和可扩展性，以适应持续增长的智能设备需求。构建此种标准模型的关键在于确保所有智能设备与图书馆的大数据中心之间能够进行标准化且高效的数据交换。这不仅涉及技术规范的制定，还包括对数据格式、传输协议及安全标准的统一。通过这样的体系结构，图书馆可以更好地管理和利用这些丰富的数据资源，从而提升服务质量，增强用户体验，并确保系统的稳定运行和数据的安全性。最终，这样的物联网标准模型将为图书馆提供一个可靠的技术平台，支撑智能设备的集成与应用，使图书馆能够在"万物智能"的大背景下顺利转型，有效服务于现代化信息需求。这种一体化的联动网络不仅优化了资源配置，也增强了图书馆的创新能力和竞争优势。

在全球"万物智能"趋势的推动下，我国图书馆领域开始融入此概念，开展了一系列创新研究。尽管已有的研究为图书馆网络的物联网化提供了一定的经验，但对于服务体系的完全融合和整体化转型路径的探讨还不够深入。这使得在"万物智能"背景下，对图书馆服务融合体系进行系统化研究显得尤为重要，这不仅有理论上的创新价值，也具有实际的应用意义。针对当前的研究情况，更深层次的探索和系统总结是必需的，以便更好地理解图书馆服务如何高效地整合进这一智能化趋势。研究应该着重于如何构建一个以读者为核心，能够提供个性化服务的图书馆服务体系。这种服务体系的优化和完善是实现服务功能有机整合的关键。

参考文献

［1］ 白晓燕. 智慧图书馆建设与应用实践［M］. 长春：吉林人民出版社，2023.

［2］ 陶功美. 智慧图书馆建设及新兴技术的应用研究［M］. 长春：吉林人民出版社，2021.

［3］ 王志红，侯习哲，张静. 智慧图书馆建设与阅读推广研究［M］. 哈尔滨：哈尔滨出版社，2021.

［4］ 阚丽红. 智慧图书馆建设与服务创新研究［M］. 长春：吉林文史出版社，2021.

［5］ 陈科，彭蕾蕾，刘裴. 高校智慧图书馆建设现状及发展趋势研究［M］. 成都：四川大学出版社，2023.

［6］ 曹瑞琴. 高校图书馆学科服务与智慧化建设［M］. 长春：吉林出版集团股份有限公司，2020.

［7］ 李杏丽. 智慧社会建设背景下大数据与图书馆管理研究［M］. 长春：吉林摄影出版社，2022.

［8］ 蓝开强. 高校图书馆建设发展与智慧服务创新研究［M］. 汕头：汕头大学出版社，2022.

［9］ 沈绚楠. 智慧图书馆背景下数字资源评价方式分析研究［J］. 传播与版权，2024（6）：65-68.

［10］ 张咏梅. 智慧图书馆时代区级总分馆建设探索［J］. 中国报业，2024（2）：54-55.

［11］ 齐忠良. 基于用户需求的图书馆智慧化建设研究［J］. 中国报业，2024

（2）：129-131.

[12] 殷茜.“互联网+”时代智慧图书馆信息技术研究［J］.智慧中国，2024（Z1）：112-113.

[13] 渠可心.数字中国背景下的图书馆智慧化转型[J]中国科技信息,2024（6）：131-133.

[14] 付超.泛在知识环境下智慧图书馆知识服务模式创新初探［J］.数字与缩微影像，2024（1）：25-27.

[15] 陈莹.风口或危机：图书馆应用生成式人工智能的思考［J］.图书馆学刊，2024，46（2）：91-94，103.

[16] 张淑娇.基于群体智慧的图书馆服务模式研究［J］.图书馆学刊，2024，46（2）：77-80.

[17] 戴建武.智慧图书馆背景下规范控制工作发展探究［J］.江苏科技信息，2024，41（4）：22-25.

[18] 曹轶，肖非常，张靖园.公共图书馆智慧化阅读推广进军营服务构架探究［J］.中国信息界，2024（1）：131-135.

[19] 杜艳艳.数字化转型背景下智慧图书馆产品的价值意蕴、实践逻辑和推进路径［J］.图书馆，2024（3）：70-76.

[20] 欧琼娇，刘海英，谭钧.人工智能服务在智慧图书馆建设中的实践分析［J］.文化学刊，2024（2）：173-176.

[21] 杨洁.大数据时代高校智慧图书馆建设研究［J］.数字通信世界，2024（2）：20-22.

[22] 张春春，孙瑞英.智慧图书馆用户数据合规治理机制研究［J］.图书情报工作，2024，68（4）：15-26.

[23] 付永华，司俊勇，周九常.智慧图书馆多模态阅读情感研究［J］.图书馆工作与研究，2024（2）：25-33.

[24] 言文静.智慧教育背景下高校图书馆古籍活化与利用研究［J］.图书馆界，2024（1）：34-39.

[25] 王舒旻. 智慧图书馆环境下高校馆员转型与胜任力研究 [J]. 江苏科技信息，2024，41（3）：21-23，27.

[26] 肇诚，刘婷婷. 我国智慧图书馆的研究路径及热点趋势研究 [J]. 江苏科技信息，2024，41（3）：60-67.

[27] 孙乾婧. 智慧图书馆时代公共图书馆服务效能提升路径研究 [J]. 采写编，2024（2）：157-159.

[28] 高飔. 公共图书馆"智慧化加工"向"智慧化服务"转变的路径研究 [J]. 河南图书馆学刊，2024，44（2）：40-43.

[29] 覃祖敏. 用户视角下元宇宙助推公共图书馆智慧服务转型研究 [J]. 河南图书馆学刊，2024，44（2）：47-51.

[30] 张靖. 数字孪生技术驱动下公共图书馆创新管理与服务探索 [J]. 河南图书馆学刊，2024，44（2）：55-57.

[31] 谭嵋窈，刘爽. 面向学生用户的高校图书馆智慧服务设计 [J]. 河南图书馆学刊，2024，44（2）：67-69.

[32] 蒋璐珺. 元宇宙视域下情境感知应用于智慧图书馆服务的探究 [J]. 河南图书馆学刊，2024，44（2）：98-99，103.

[33] 康楷. 数字图书馆建设进程中智慧服务的开发与应用探索 [J]. 河南图书馆学刊，2024，44（2）：123-125.

[34] 蔡昱. 人工智能背景下医学智慧图书馆建设动因分析与理念创新 [J]. 天津科技，2024，51（2）：17-19，23.

[35] 沈沁怡，贡雯韵，张宇航. 智慧图书馆视角下院校图书馆图书纸电资源融合 [J]. 传媒论坛，2024，7（3）：118-120.

[36] 李菲菲. 基于用户兴趣改进模型的智慧图书馆个性化检索服务研究 [J]. 图书馆研究与工作，2024（2）：62-69，76.

[37] 彭华. 智慧教育环境中的高校图书馆个性化信息素养培养策略研究 [J]. 互联网周刊，2024（3）：52-54.

[38] 陈佳佳. 基于物联网的智慧图书馆建设[J]. 兰台内外，2024（4）：73-75.

[39] 杜文龙，朱博文，柴源. 智慧图书馆用户画像图像处理算法模型设计与实现［J］. 电子设计工程，2024，32（3）：185-189.

[40] 周颖乐. 中国式现代化进程中图书馆事业高质量发展路径与策略研究［J］. 中关村，2024（2）：112-113.

[41] 孙玲玉. 基于数据挖掘的智慧图书馆文献资源个性化推荐方法［J］. 信息记录材料，2024，25（2）：142-144.

[42] 王恒. 基于全景感知技术的智慧图书馆精准化推荐系统设计研究［J］. 图书馆研究，2024，54（1）：10-20.

[43] 周永来. 公共图书馆智慧化转型信息重组问题及对策研究［J］. 图书馆学刊，2024，46（1）：50-53.

[44] 伍潇. "双高"背景下高校智慧图书馆建设研究［J］. 湖北开放职业学院学报，2024，37（2）：161-162，165.

[45] 戴婧. 高职院校智慧图书馆的服务创新研究［J］. 湖北开放职业学院学报，2024，37（2）：163-165.

[46] 张旭. 用户体验视域下智慧图书馆场景化服务研究［D］. 郑州：郑州航空工业管理学院，2023.

[47] 陈心怡. 基于大数据的高校图书馆智慧搜索服务模式研究［D］. 天津：天津理工大学，2022.

[48] 陈衡毅. 大数据时代高校图书馆智慧服务存在的问题及对策研究［D］. 湘潭：湘潭大学，2021.

[49] 焦丽叶. 新技术条件下的智慧图书馆服务模式比较研究［D］. 太原：山西大学，2021.

[50] 吴雅威. 面向智库需求的智慧数据服务模式及服务能力评价研究［D］. 长春：吉林大学，2021.